パプア ニ
0 100 200 300 400 km
マヌス州
マヌス島
ニューギニア島
東セピック州
サンダウン州
ウェワク
ビスマルク
アンゴラム
ティンブンケ
マダン州
セピック川
チャンブリ湖
クラインビット村
ラム川
インドネシア
マダン
アラモット
4
マウント ハーゲン
クク遺跡
ウィル ヘルム山
タリ
3
アサロ渓谷
クツブ湖
ゴロカ
モロベ州
クンディアワ
油ガス田
メンディ
2
1
5
レイ（ラエ）
ガルフ州
プローサ農園
ウェスタン州
ラバビア
ガライナ
ジャレ=アイン コミュニティ スクール
オーエンスタンレー山脈
ワリア川
フライ川
オロ州
ダル
ハイランド地方 （行政区域）
1 東ハイランド州
2 チンブー州
3 西ハイランド州
4 エンガ州
5 南ハイランド州
ポートモレスビー （首都特別区）
セントラル
珊瑚海 （コーラルシー）
オーストラリア
ヨーク岬半島

パプアニューギニア

日本人が見た南太平洋の宝島

元パプアニューギニア大使
田中辰夫 編

花伝社

クク古代農耕遺跡（２００８年に世界遺産に登録。UNESCO提供、ⓒJack Golson）

クツブ油田中央処理施設（オイルサーチ社提供）

山田真巳作、日本画「極楽鳥屏風」
（パプアニューギニア国会議事堂蔵の「極楽鳥屏風」と同様のモチーフ）

山田真巳作、日本画「シンシン金屏風」（早稲田大学蔵）

パプアニューギニア国会議事堂（ＰＮＧジャパン提供）

ニューブリテン島キンベ湾のサンゴ（Ⓒ鎌田多津丸）

ポートモレスビー近郊のキラキラにて（伊藤明徳撮影）

パプアニューギニアの主だったジャーナリストを日本大使公邸に招いた席で
食卓を飾るパプアニューギニア特産のランの花

パプアニューギニア——日本人が見た南太平洋の宝島——◆目次

目次

まえがき

二〇〇九年六月の新聞報道で、南太平洋のパプアニューギニアから日本へ液化天然ガス（LNG）が二〇一四年より輸入されるようになるとの記事を見た。いよいよ実現することになるのかと、私なりに一種の感慨があった。というのは、私は一九九九年六月にパプアニューギニア（PNG）に日本大使として着任して、あらためてこの国はたいへんな資源国であることを認識するとともに、当時、大規模開発が話題になっていた天然ガスは、計画されているように南の資源大国オーストラリアに持っていくよりも日本など北のエネルギー消費国へ持っていく方がよいのではないかと日本人として直感して、訪れる日本の人たちにそのことを側面的ながら大いに宣伝していたからである。

だが、パプアニューギニアと言われても知る人は少ないと思う。そういう私もパプアニューギニアを本格的に知るようになったのも、同国に赴任することになってからのことであるが、その数年前に外務省の用務出張で一泊したことがある。首都ポートモレスビーの丘の上にある日本大使公邸から広く眼下に見た真っ青な南太平洋の空と海に魅せられたものであった。その時、こんなところで勤務できたらいいなと思ったことであったが、その後、アメリカ合衆国中西部の広大な大平原のど真ん中、カンザスシティーに転勤になり、南太平洋の海のことは忘れかけていた。それから三年後に偶然にもパプアニューギニアに転勤になり、約四年間在勤した。

広い太平洋には大小の島国が散らばっている。その中でとびぬけて大きい国がパプアニューギニアである。かねて出版の企画は持っていたが、冒頭のような天然ガスのニュースが入ってきて、それを契機に仕事や研究などでパプアニューギニアに長年かかわってこられた経験豊かな方がた十余名をお誘いして、それぞれの方がたに書いてもらってまとめたのが、この本である。

それぞれの体験やパプアニューギニアの人たちとの交わりで得られた実感などをできる限り含めて書いてもらったが、生き生きとした日本人の姿を知ることができる。また、現地人と肩を並べて一緒になって仕事をするという日本人の姿勢が、現地の人たちにありがたがられていることが数箇所にでてくる。これは、日本人から見ればごく普通のことであろうが、パプアニューギニア人たちから見れば他の外国人たちとは違うことのようである。

「宝島」というのは少し大げさな表現かもしれないが、この本を読んでいただければ、その意味はおわかりいただけると思う。

いまや、成田国際空港から首都ポートモレスビーの国際空港まで直行便のニューギニア航空で片道六時間半の距離である。自然も人も濃く豊かである。この本によって少しでも親近感を抱いていただければ幸いである。

田中　辰夫

I　社会と人びと

第1章　変わりゆく人びとの暮らしと国家――都市と村の間

熊谷　圭知

三〇年にわたり、パプアニューギニアをフィールドに地域研究。お茶の水女子大学教授。

●私とパプアニューギニアのかかわり

私は、一九七九年一二月に、パプアニューギニア大学への交換留学生としてはじめてパプアニューギニアの地を踏んだ。それから三〇年間、調査研究者としてパプアニューギニアに通い続けてきた。パプアニューギニアでの私のフィールドは二つある。第一に、首都ポートモレスビーの都市移住者が作り出した集落（セトルメント）、第二に、セピック川の南の支流域に位置する奥地の村である。どちらにも、長年の付き合いのホストファミリーがいて、いろいろ面倒を見てくれる。このところなかなかゆっくりした日程が取れないこともあり、毎年の訪問は、調査というより年一回の里帰りといった感じである。

私がなぜパプアニューギニアにこれほど長く関わってきたのかといえば、パプアニューギニアの人びとの魅力と社会の面白さに尽きる。この章では、私が研究者としてだけでなく、一人の人間としても関わってきた、パプアニューギニアの草の根の人たちの暮らしと心情について語ってみたい。

●パプアニューギニアの地理と歴史

険しい地形と自然条件

まずは、パプアニューギニアという国を概観しておこう。面積は四六万平方キロメートル、日本の一・二倍強の大きさがある。それだけの国土に、人口は二〇〇〇年の国勢調査では五二〇万人、つまり東京都の半分以下しかない。人口密度は、一平方キロメートル当たり一一人と、日本（三三五人）の三〇分の一である。いかに人口が散在しているか、わかっていただけるだろう。

パプアニューギニアの国土の多くは熱帯林に覆われている。セピック川やフライ川などの大河川が作り出す湿地帯も広がっている。希薄な人口も手伝って、道路の建設や維持はままならず、飛行機が唯一の交通手段であるという地域も多い。

パプアニューギニアの地に人間が渡ってきたのは四万年以上前のことである。地形が険しく、熱帯林に囲まれた環境の中で、人びとは、タロイモやバナナなどの焼畑農耕や採集狩猟に依拠しながら、自給自足の生活を送ってきた。畑は一―二年で放棄され、次の場所に移る。狩猟も一箇所に定住していると周囲の獲物が減る。したがって人びとの生活は移動が常態である。こうした生活様式では、集団は小規模となり、財産の蓄積も行なわれないから、家柄による身分の格差なども生まれない。ハワイやタヒチのようなポリネシアの島々とはちがって、王様や貴族は存在せず、平等な社会がつくられる。パプアニューギニアの共通語であるピジン語で「ビックマン」とよばれる、パプアニューギニア社会の伝統的リーダーには、生まれながらの家柄によってではなく、戦闘にすぐれ、弁舌にも長けた個人（ただし男性）が選ばれる。

多言語の社会

パプアニューギニアのもう一つの大きな特徴は、言語の多様性である。パプアニューギニアには七〇〇以上の言語があるといわれる。方言ではなく、英語とフランス語、日本語と韓国語と同じくらい、あるいはそれ以上に異なる言語である。世界の言語の総数は六〇〇〇くらいだから、その一割以上が、世界人口の千分の一にも満たないパプアニューギニアの空間の中に存在することになる。

なぜこれほど多言語の社会ができあがったのか。そのヒントは、言語が変わりゆくものだというところにある。均質な社会といわれる日本でさえ、数百年前の日本人の話し言葉と現代の話し言葉をくらべれば、大きくちがう。もともと同じ言語を話していた人びとであっても、異なる空間に分かれて住み、相互に交渉が少ないまま、何千年も経過すれば、両者は別々の言語を発展させることになる。

日本においても、地域や階級をこえた、共通の話し言葉としての日本語が発展するのは、明治以降のことである。そこには国家の権力や国民教育という人為的な要素が働いている。植民地化以前には外部世界からの力が作用せず、大規模な権力や国家による支配が生じなかったパプアニューギニアでは、こうした多言語の状況が変わることなく、継続したのである。これは、後に見るように、ひとつの国家としてパプアニューギニアを作っていく上では大きな困難をもたらすことになった。

植民地化の影響

パプアニューギニアが植民地化するのは、一八八四年のことだ。ニューギニア島の北部とその周辺の島々をドイツが占有し、ニューギニア島南部の領有をイギリスが宣言した。その時、東経一四一度の線を境にしたニューギニア島の西半分は、ひと足早くオランダによって領有されていた。植民地化といっても、もちろんパプアニューギニアの人びとの預かり知らない話だし、それによって急に何かが変わるわけでもない。人びとの日常の暮らしは変わらず続いていたし、おそらくほとんどのパプアニューギニア人にとっては、ヨーロッパ人と顔を合わせる機会もなかった。

ヨーロッパ人たちは、海岸部に町をつくり、プランテーションを開いた。ドイツとイギリスをくらべると、植民地統治の仕方には差がある。植民地獲得競争の後進国だったドイツの方がパプアニューギニアの開発に熱心だった。これに対して、イギリスの植民地化には、自国の植民地オーストラリアのすぐ北に位置するニューギニア南部を他国に奪われたくないという動機が強く作用していた。したがって、ドイツ領だった地域、とりわけ島嶼部では、プランテーションなどが発展したが、ニューギニア島南部は、開発から取り残される結果となった。

第一次世界大戦（一九一四年―一八年）の敗戦により、ドイツはこの地から撤退し、かつてのドイツ領はオーストラリアの委任統治領ニューギニアとなる。一方、イギリス領の南部は一九〇一年のオーストラリアの連邦制開始により、オーストラリアに引き継がれ、一九〇六年にオーストラリア領パプアとなる。しかし両者の格差は、その後も続くことになる。

マラリアの存在は、植民者にとっては定住を阻む最大の要因だった。海岸から少し入ると熱帯林や湿地が行く手をふさぐパプアニューギニアの自然条件は、内陸部の住民との接触を困難なものにした。植民地政府は、植民者による土地の買収を禁じたから、大部分の土地はパプアニューギニアの人びとの手に残ることになった。こうした中で、ヨーロッパ文明とパプアニューギニアの人びととの出会いは、ゆるやかに進められた。

ピジン語でキアプ kiap と呼ばれる植民地政府の巡視官は、海岸部などから集めたパプアニューギニア人警官や荷運び人をともなって、奥地の部族との接触を試みていった。はじめて接する人びとに対しては、まず塩やビーズなどの贈り物をして住民の歓心を買ったうえで、銃の威力を伝え、部族戦争をやめて定住化することを命じた。それでも戦争が繰り返されると、村人を捕えて裁判にかけ、時には処刑することもあった。このようなアメと鞭の双方の手管を使いながら、植民地政府の支配がパプアニューギニアの人びとの間に次第に浸透していく。

キリスト教の影響

植民地政府よりも、さらに直接的に西欧文明の伝え手となったのは、キリスト教の宣教師たちだった。宣教師は、パプアニューギニアの人びとにキリストの教えを説き、野蛮な風習を止めさせ、文明化しようとした。現在、パプアニューギニアの人びとのほとんどが公式にはキリスト教徒である。

キリスト教への改宗がこれほど進んだのは、その教義への信仰というよりは、人びとが、西欧文明の圧倒的な力の背景にキリスト教があると考えたことが大きい。つまり、パプアニューギニアの人びとは、自分たちと西欧の物質文明との格差に驚き、西欧文明の力を評価するとともに、その豊かさを自分たちのものにしたいと考え、キリスト教を受け入れたのである。

植民地政府との接触を終えた地域（第二次世界大戦前はおもにセピック地域、戦後はハイランド（高地）地方）からは、プランテーションで働く労働者が、ニューブリテンやニューアイルランドなどの島々に送られた。パプアニューギニアの人びとは、そこでピジン語を覚え、コンビーフの缶詰に米の飯といった食事を味わい、貨幣で物を買うという近代的な生活に触れることになる。しかし、第二次世界大戦までの西欧世界との接触は限られたものだった。プランテーションでの労働は、法令により、三年以内と定められ、契約期間を終えた労働者は雇用主の手で村に帰すことが義務付けられた。都会の暮らしは、西洋人だけのものだった。

第二次世界大戦後の変化と独立

こうした構図が変化するのは、第二次世界大戦の勃発によってである。一九四二年一月、日本軍は、「大東亜共栄圏」の南端に位置するニューギニアに侵攻し、ラバウルを占領する。オーストラリア、アメリカを中心とする連合軍はこれに反撃態勢を整え、ニューギニア島の北部や島嶼部は戦場となり、あるいは両軍への協力を迫られることになる。直接の戦闘に巻き込まれなくとも、敗退する日本兵たちに畑や食糧を荒らされたり、両軍の兵士たちが持ち込んだ病気の蔓延で命を落とした人びとは数多い。

しかし戦争は、それまで切り離されていたパプアニューギニアの人びとと外部からやってきた人びと（ヨーロッパ人や日本人）の間の距離を縮める効果も持った。戦後、パプアニューギニアの人びとは都市やプランテーションというヨーロッパ人の世界により多く、自ら進んで入り込んでいくことになる。

行政的には、一九四九年に、オーストラリア領パプアと委任統治領ニューギニアが統合される。その行政中心地が置かれたのはポートモレスビーであり、後の独立国家パプアニューギニアの首都となる。地図を見ればわかるように、ポートモレスビーは、パプアニューギニアという国の範域からいえば周辺に位置する。戦前には、ラバウルの方が規模が大きく発展していたし、地理的にはレイが海岸部と島嶼部とハイランド（高地）との結節点の位置にある。これらの都市が首都にならなかったのは、オーストラリアに近く、第二次世界大戦で被害を受けなかった（今後も受けにくいであろう）ポートモレスビーが、戦後の行政中心地に選ばれたためである。これは、独立後の国家の経済的・社会的統合にも、大きな影響を及ぼすことになった。

さて、一九六二年、パプアニューギニアの地を訪れた国連の監視団は、この地域に早急な自治を与えることを勧告した。それを受けて、独立への動きがすすめられ、一九七五年九月一六日には、独立国「パプアニューギニア」が誕生する。初代首相は「独立の父」と呼ばれるマイケル・ソマレである。国家統合には課題を抱えていたが、オーストラリアからの財政援助を受け、銅などの鉱物資源が豊かなパプアニューギニアの未来は明るいと思われた。しかし、現実には、国家の運営はさまざまな困難に直面することになった。

国家としての課題

その最大の理由は、七〇〇以上の多言語とそれに基づく民族集団が存在するパプアニューギニアでは、国家・国民の統合が困難だったことにある。パプアニューギニアでは、マイケル・ソマレ、マオリ・キキらによる独立運動は存在したが、植民地支配への明確な抵抗という形はとらなかった。独立運動への支持者は都市の一部のインテリにとどまり、村に住む多くのパプアニューギニアの人びとにとっては、独立の意味すら不分明なままであった。パプアニューギニアという国家の特徴は、独立運動と同時に、ブーゲンビルをはじめとする各地で分離運動が生じたことだろう。ソマレやキキの思想には、自らが育った部族の伝統文化への深い理解と敬愛が見出されるが、この志向性は地域自立運動への共感をもたらすものだった。

国家より、自らの属する部族や地域に強い帰属意識を持つという構図は、現在もパプアニューギニア全体で支配的である。そうした心情やアイデンティティは、新しい独立国家としてのパプアニューギニアの権威を認めず、自らの部族や地域の利害を主張するという人びとの行動様式を作り出している。たとえば、自分たちの土地で道路の開発が行なわれるとする。人びとはそれに対する多額の「賠償金」(compensation) を国家に要求するのが常である。道路の建設が、公共の利益につながり、ひいてはそれが自分たちの利益にもなるという発想はそこには存在しない。開発を阻む自然条件、国家財政の不足に加え、部族・地域と、国民・国家の間の著しい隔たりが、パプアニューギニアの開発をいっそうむずかしいものにしている。

多様な自然環境と地域

パプアニューギニアは、いくつかの地域に分かれる。よく用いられる区分は、ニューギニア島南部（パプア）地方、ハイランド（高地）地方、ニューギニア島北部（モマセ）地方、ニューギニア島以外の島嶼部の四つに分けるやり方である。これは、すでに述べた植民地化の歴史（旧イギリス領地域と旧ドイツ領地域）による区分に、ハイランドという独立の地域単位を加えたものである。

パプアニューギニアのハイランドは、標高一〇〇〇―一五〇〇メートルくらいの盆地や谷に人口が集中している。一九三〇年代以降にはじめて西洋文明と接触した地域であり、ニューギニアの中でも植民地化の影響が浅い。しかし、近年ではハイランドハイウェイ（高地縦貫道）が建設され、換金作物のコーヒー栽培も普及し、社会経済的変化が激しい地域である。もともとハイランドでは、熱帯としては肥沃な火山性土壌にサツマイモを主作物とする、休閑期間の短い焼畑農耕が展開されており、人口密度はパプアニューギニアの他の地域にくらべて高い。家畜として飼育されているブタが重要な財産であり、葬儀や婚姻、戦争の和解など、重要な儀礼の宴の際に提供される。部族集団間の土地などをめぐる争いが激しく、エネルギッシュで集団意識が強いのも特徴である。第二次世界大戦後、プランテーションや都市にたくさんのハイランド出身者が移動するようになったため、海岸部の人びとにとっては脅威であり、野蛮な「ハイランダー（高地人）」というステレオタイプが生まれることになった。

　これに対して、北部のセピック川や南部のフライ川とその支流域が作り出す広大な低湿地にはサゴヤシ澱粉《でんぷん》を主食とする人口が散在しており、小規模な集団が多い。このように自然環境や生活様式における地域的な多様性が著しいのが、パプアニューギニアの特徴である。

●村の暮らし

クラインビット村

　パプアニューギニアの村の暮らしについて紹介しておこう。私が今も訪ね続けているのが、東セピック州のクラインビットという村である。村は、セピック川の南側の支流域に位置するブラックウォーターと呼ばれる大きな湖に面している。周囲は湿地帯である。ブラックウォーターは、大雨のたびに湖面が拡大し、その姿を変える。そこには、野生の水鳥が乱舞する美しい風景が広がる。

　クラインビットまでの道のりは遠い。まずポートモレスビーから国内線の飛行機で、東セピック州の州都ウェワクまで行く。ウェワクで泊まり、翌朝、乗合トラックの荷台に揺られて、三時間半ほどかけてセピック川下流の町アンゴラムに到着する。アンゴラムでもう一泊して、さらに一〇時間ほどかけて、船外機つきカヌーで村までたどり着くのである。途中で船外機のトラブルなどがあると、村への到着は深夜になることもある。

　クラインビット村の人びとは、湿地帯に生えるサゴヤシの澱粉を集めて主食とし、魚や森の動物を捕って暮らしている。この生活の基盤は、この二〇年以上の間それほど大きくは変わっていない。電気はなく（これはこの村が奥地にあるからだけではなく、パプアニューギニアの村にはほとんど電気が引かれていない）、明かりはランプだけである。外の世界の情報はラジオに頼るしかない。しかし魚や動物は豊富であり、食糧には不自由しない。自給自足の暮らしである。

一日の暮らし

村の人口は、約五〇〇人。高床式の家に、大家族で住んでいる。私がいつも居候するアントン家は、戸主のアントンとその奥さんメリアン、次男のジャスティン夫婦とその子供たちを中心とした三世代同居の家族である。直系の家族だけでなく、叔母さんや従兄弟たちあわせて二〇人以上が、床面積一〇〇平米程のワンルームの家に同居している。夜寝るときは、それぞれに蚊帳を吊る。私もその隅に蚊帳を吊らせてもらって寝る。蚊帳の中だけが、唯一わずかなプライバシーを守る空間である。

村の朝は早い。一番鶏が鳴く六時前には（村の鶏は時折夜中にも突然鳴くことがあるが）皆起き出す。私はいつも周囲の声を聞きながら頑張って寝ているが、それも七時頃までが限度だ。蚊帳を畳み、灯油コンロを出してきて、お湯を沸かし、コーヒーとクラッカーの朝食である。周りを囲む子供たちに細かくちぎったクラッカーにジャムかマーマレードを付けて手渡す。ただしこれは私だけの贅沢な食事であり、家族は朝起きてすぐは食事をしない。朝のひと仕事を終えた後、火はおこさずに、前の日の残り物などで済ませるのがふつうである。一日の食事はだいたい二回で、日が暮れた後、夕食となる。家族の食事は、サゴヤシからとった澱粉（固めて壺に入れて保存してある）を、少しずつ取り出し、水で湿らせてから、薪をくべた炉にかけ、土製のフライパンで焼く。具の入らないお好み焼きのような焼きサゴはしっとりしていておいしい。これに炉で焼くか野菜代わりの木の葉と一緒に煮た魚を添えて食べるのが、日常の食事である。

壺もフライパンも、チャンブリという大きな湖に面したアイボンの人びとが作る素焼きの土器であり、クラインビットの人びとは、これをサゴヤシ澱粉や、女性が丁した草の繊維で編んだ手製の籠《かご》と交換して手に入れる。私は村にいる間、ウェワクの町で買って持ち込んだ米とコンビーフの缶詰を使って何かしら料理を作る。料理を作っている間中、子供たちの期待の視線にさらされ続ける。自分の食べる分を皿にしっかり盛り付けた後、鍋ごと家族に渡すと、ジャスティンが、夕食時を狙ってきた客人や家族にきちんと分配してくれる。

女の仕事、男の仕事

ニューギニアの村では、だいたい女性の方が働き者である。クラインビット村でも、女性たちは、薪を集めに近くの森に行ったり、魚を捕りに行ったり、調理をしたり、子供の相手をしたり、赤ん坊に乳をやったり、洗面器で水浴をさせたり、日中は何かと忙しい。水辺に生える草を干して、それで籠やゴザを編むのも女性の仕事で、子供の世話をしながらでも手を動かしていたりする。それにくらべると男たちの方が暇である。森に狩りに出かけるのはだいたい夜だし、それも毎日行くわけではない。

湖に魚を捕りに行ったり、サゴヤシの木を切り倒して澱粉を集めたりする仕事は、夫婦そろって

サゴ打ち

出かけることが多い。サゴヤシの木は、湿地に自生するが、所有者はきちんと決まっている。一五年くらいで成木になるので、目星をつけておいた木を切り倒す。サゴヤシ澱粉を採取するときは、切り倒した木の皮を剥ぎ、柔らかい中身を、サゴ打ち棒で叩いて細かくする。このサゴ打ちの仕事には、クラインビット村では、男女・子供を問わず、全員が参加する。叩いたサゴの中身を、籠に入れ、その場でサゴヤシの葉柄を使って簡単に作った仕掛けの台の上に乗せる。湿地では穴を掘ると、そこに地下水が浸み出して溜まる。これをココヤシの殻を使った柄杓《ひしゃく》ですくって籠の上からかけると、デンプンが溶け出す。仕掛けの先に溜まった水を空けると、そこにはちょうど小麦粉や片栗粉のような白い粉が密に固まっている。これを籠に入れて持ち帰り、保存する。

一本のサゴヤシの木からは、小さな家族であれば、一ヵ月以上食いつなげる澱粉が取れるが、実際には、サゴ取りには複数の家族が連れ立っていくことが多いから、二週間に一度くらいは出かけることになる。

男たちの熱意は、日々の暮らしよりも、伝統的な儀礼や信仰に向けられているようだ。クラインビット村の中央には、精霊堂（ピジン語で、ハウスタンバランと呼ばれる）がある（現在は再建中）。九〇年代までの精霊堂は、高床式の壮大な建物で、入り口や柱にはびっしり彫刻が施されていた。精霊堂には成人の男しか入ることができない。村の男たちは全員が、身体全体に小さなナイフで傷を付け、盛り上がった傷跡がワニの鱗のように見える成人儀礼を受けている。これを受けた人間だけが、一人前の男であり、この精霊堂に入ることができる。精霊堂の中には、祖先からの木彫や竹笛などが安置されている。これらは女・子供の目に触れてはならない秘密の品物である。

精霊堂の中で、この笛の合奏を聞いたことがある。三本の少しずつ長さのちがう背丈よりも長い笛を、三人の長老が、輪を描きまわりながら演奏する。三本の笛の音は微妙に重なり合い、揺らいで、幻想的な雰囲気が醸し出される。若い男たちが、タジャオと呼ばれる精霊に扮することもある。全体は黒く、鼻先が長く伸び、目の周りに白と赤で化粧を施した仮面をかぶり、サゴヤシの葉で編んだ衣装を身にまとって、タジャオは突然村に現れる。タジャオが近付くと、子供たちは本気で逃げまどい、捕まった子供が木の枝で叩かれて大声で泣き声を上げるのを、周りの大人たちが見守っている。精霊堂の中で、このタジャオの身支度をしている途中の写真を撮った時、村人からはこの写真は絶対村に送るなと言われた（普通の写真は次回に必ず現像して持っていかないと怒られるのだが）。この写真を見ると、タジャオの正体がばれてしまうからだ、という。竹笛も、女性や子供たちには音色は聞こえるが、その実物は見ることができない。日常生活を支える女たちに対し、伝統文化を守ることは男たちの生きがいなのである。

村人の悩み

豊かな自然環境の中で、クラインビットの村びとたちは、一見してゆったりと満ち足りて暮らしているかのように見える。しかし村人にもいろいろ悩みがある。最大の問題は、現金収入を得る機会がほとんどないことだ。自給自足の生活なら、現金などいらないと思うかもしれないが、じつはそうではない。村の中では作り出せない塩や、水浴びに使う石鹸、ランプの明かりに必要な灯油など、最低限の必需品を手に入れるためには、やはり現金が必要である。

現在、村の子供たちは、小学校の低学年までは、村人が協力して作った村の中にある初級学校(elementary school)へ通っている。上級になると、隣のカニンガラ村にある小学校に寄宿して通学することになる。子供を小学校にやるにも、教材費など最低限のお金が必要だ。村から高校まで進む子供は少数だが、その場合には寮費など多額のお金がかかる。

この村は、湿地のため換金作物の栽培はできない。かつては、豊富にとれるサゴヤシ澱粉や燻製にした魚を町まで売りに行き、いくらかの収入を得ていた。九〇年代までは、村からモーターカヌーで三時間ほどの距離にあるセピック川中流のティンブンケの町から乗合トラックに乗れば、うまくいけばその日のうちに州都のウェワクまでたどり着くことができた。しかし州政府がこの道路

村を去る日、アントン家の家族と

の維持管理を怠って使えなくなっているため、今では、アンゴラムまで遠回りしなければならない。つまりクラインビット村は町から遠くなってしまったことになる。ガソリン代が値上がりする中で、今は町まで売りに行っても赤字になってしまう。

保健医療のサービスも十分とはいえない。村の中には、政府が補助する救護所（aid post）があるが、置かれている薬は限られている。村人は、診察を受けたいときには、カヌーを漕いで一時間近くかかる隣村のカニンガラにある診療所（clinic）まで出かけていく。大きな病気や手術が必要な時は、ウェワクの公立病院まで行かねばならない。交通費がかかる上に、きちんとした治療を受けるにはさらに多額のお金が必要であり、あきらめてしまう村人も多い。

村人の多くは、家族や親戚の誰かがウェワクや、アンゴラムなどに住んでいて、町の暮らしの良さも、悪さもよく知っている。村の暮らしを棄てて、町で暮らす方が幸せだと皆が思っているわけではない。しかし残念ながら、クラインビットの村人にとって、村で暮らしながら、適度な現金を得て、必要な品物やサービスを手に入れられるという状況は存在していない。

●都市の暮らし

ポートモレスビーの都市空間

パプアニューギニアの首都ポートモレスビーは、人口二五万人（二〇〇〇年国勢調査）の都市である。日本でいえば、小規模な県庁所在地くらいの規模でしかない。しかしパプアニューギニアの村からポートモレスビーをみると、そこは桁違いの大都会、別世界である。

ポートモレスビーには片側二車線、立体交差の道路があり、多くは日本製の車が走りまわっている。スーパーマーケットに行けば、値段は高いが、欧米と同じような食品や物品が手に入る。村では絶対に口にすることができない冷たいビールもアイスクリームもある。

物価が高いのは、スーパーマーケットに並ぶ商品のほとんどが輸入品だからだ。町に住むパプアニューギニア人の日常の主食となっている米も、コンビーフの缶詰も、オーストラリアなどから輸入されている。村の主食であるタロイモやサツマイモ、サゴ澱粉などは、ポートモレスビーでは、公設の露天市場に行かないと手に入らないし、値段も高い。輸入品の米の方が割安である。野菜や果物にしても、冷涼なハイフンド地方ではすばらしい高原野菜が作られているのだが、ポートモレスビーには出回らず、質の悪い輸入品のトマトやレタスを高い値段で買わされることになる。こんな矛盾が生まれるのも、パプアニューギニアの運輸交通基盤が整備されていないため、村で作った農産物が首都に流通しないからだ。この点でも、国内のインフラ整備は、パプアニューギニア経済の発展の要件といえる。

ポートモレスビーの市街地は散在している。ポートモレスビー（首都特別区）の面積は二四〇平方キロあり、日本でいえばほぼ大阪市の面積に等しい。しかし人口は一〇分の一にすぎない。空間の機能が純化し（住宅地にはほとんど商店がない）、分散的な市街地が道路によって結びつけられるという構造は、オーストラリアの都市空間をモデルにしたものだが、自動車を持たないパプアニューギニアの庶民にとっては、暮らしにくい。またこれが、後に述べる、犯罪の多さとも結びついている。

ポートモレスビーの中心は、「タウン」と呼ばれる。そこは、植民地時代からの市街地であり、外国人たちの空間だったところだ。今もそこは、街の中心であり、高層のオフィスビルがあり、周囲には外国人が多く住むコンドミニアム（高級マンション）が立ち並ぶ。家賃が月何十万円もするコンドミニアムは、オートロック式で、警備員に守られている。

これと対照的な空間が、村からの移住者が自然発生的に作り出した集落、通称「セトルメント」である。セトルメントと一口にいっても、国有地の上にあり政府が認めているものもあれば、地元

ポートモレスビー、タウンの街並み

の部族の慣習法的な共有地の上にあり公認されていないものもある。住宅の質もさまざまであるが、一般的には、電気や水道が整備されておらず、アクセス道路やごみ処理などのサービスも欠如している場所が多い。

セトルメントの形成

私は、修士論文の頃から、ポートモレスビーのセトルメントを研究の対象としてきた。ポートモレスビーのセトルメントの歴史は、第二次世界大戦直後にさかのぼる。ポートモレスビーが、パプアとニューギニア両地域を統括する行政中心となり、都市機能が増大したことによって、市街地を拡大するための建設需要が生まれた。この労働力として近隣の村々から人びとがやってきたのである。ポートモレスビーの地元の部族であるモツ族の人びとは壺づくりがうまく、これを交易品として、大きなカヌーを仕立てかなり広範囲の近隣の村々との間に「ヒリ」と呼ばれる交易を行なっていた。近隣の部族との間に通婚関係もあった。この縁があって、近隣の村からやってきた人びとは、モツ族の土地に、掘立小屋を建てて住みつくことになった。これがセトルメントのはじまりである。

戦後、部族共有地が買収されて一部は政府有地になったり、六〇年代以降は、ハイランド（高地）からの移住者が郊外に新たなセトルメントを形成したりと、さまざまな変化があった。独立後からしばらくの間は、こうしたセトルメントを積極的に公認し、敷地だけを提供して住宅を建てさせるといった政策がとられたこともあった。現在では、ポートモレスビーの人口の三分の一以上、およそ一〇万人近くが、広い意味でのセトルメントに生活しているといわれている。

セトルメントの存在は、近年のパプアニューギニアの都市政策にとって、頭の痛い問題になっている。新聞などのマスメディアでも、パプアニューギニア市民の間にも、セトルメントは失業者が多く、犯罪の温床ともなっているというステレオタイプ的な見方は根強い。セトルメントの存在が都市の治安の悪さを作り出しており、彼らを村に送りかえすべきであるといった意見も聞かれる。しかし、後に述べるように、犯罪の多さはセトルメントのせいだけにするわけにはいかない。

ラガムガ・セトルメントの人びと

私が長年住みこみ調査をしてきたのは、ハイランドのチンブー州出身者のセトルメントである。このセトルメントは、郊外の大きなゴミ捨て場の奥に立地しており、外からはうかがい知ることができない。またその住民がハイランド出身者ということもあって、周囲からは、「ラスカル」（犯罪者）

ラガムガ・セトルメントの子供たち

の巣であるというような評判を立てられてきた。

しかし私にとって、皮肉なことにこのセトルメントは治安の悪いポートモレスビーの中で、一番安心して暮らせる場所だった。住民は同じ地域の出身者で、言葉も共通だし顔見知りなので、よそ者が入り込むことはない。ひとたび住民に認知されれば、危害を加えられる心配もないからだ。

住宅は、中古の木材を骨組みにして、トタンを張り合わせて作られているものが多い。一見すると同じような掘立小屋だが、よく見ると大きさにも、住宅の質にも差がある。家の中を見せてもらうと、外見から想像するよりきれいで、きちんと整えられている。

住民たちは、ほとんどがふつうの真面目な人びとである。なかには公務員や警官もいる。みな都市の厳しい経済環境の中で、何とか暮らしを立てようと懸命になっている。しかし、海岸部出身者にくらべ遅れてきた都市住民である彼らにとって、学歴やコネがなければ、都市で雇用を得ることは難しい。彼らの多くが就ける職業といえば、男は警備員や清掃夫くらいである。女たちは、露天で物売りをする者が多い。しかし、近年、首都政府によって都市の美化が進められ、こうした商売を行なうことはだんだん難しくなりつつあり、人びとの生活は、ますます苦しくなっている。

ワントクのネットワーク

ワントク（wantok）とは、ピジン語で、語源は英語の one talk、すなわち同じ言葉を話す人びとという意味である。都市の文脈では、広く同郷者あるいは仲間を指す言葉としても使われる。このワントクの結びつきは、多言語・多民族社会のパプアニューギニアにおいて、人びとが都市に移住したときに頼れる唯一の資源となっている。

前述のセトルメントも、安い公共住宅が得られないという状況の中で、都市にやってきた移住者たちが、自らの居住空間という資源をワントクのつながりを通じて獲得しようとした結果、発展したものといえる。

すでに述べてきたように、パプアニューギニアの人びと自身の本格的な都市居住の歴史は新しく、第二次世界大戦後のことである。ほとんどの都市住民は都市の第一世代か第二世代であり、出身の民族集団・地域に強い愛着と帰属意識をもっている。また、都市での暮らしを一時的なものと考えていて、退職後は村に戻ろうという意識が強い。実際にそれが実現するかどうかは別として、自分の本来の居場所は村にあるという思いをパプアニューギニアの人びとは強く抱いている（ただし夫婦とも同じ民族言語集団に属する場合と、それが異なる場合では、だいぶ事情がちがってくる。後者の場合、帰村の頻度は低くなり、子供は両親の言葉を受け継がない場合も多い）。

セトルメントであれ、一般住宅地であれ、都市の住民は、村からやってきた人びとを居候させ、寝食を提供するのが慣わしである。それをしないと、同じ村や民族集団の人びとから後ろ指をさされ、面子や地位を失い、将来村に帰ろうという計画も実現できないことになる。

国家が国民に十分なサービスを提供していないパプアニューギニアにおいて、ワントクのセーフティネットが、それに代わる役割を果たしているといってよい。たとえば、パプアニューギニアの街では、物乞いやホームレスを見かけることがほとんどない。これは、ワントクのセーフティネットのお陰だろう（二〇〇一年に私が長年ポートモレスビーで世話になっている家族を日本に招いたとき、その次男が一番ショックを受け、私に尋ねたのは、日本は豊かな国のはずなのに、なんでこれほど路上で寝ている人がいるのかということだった）。

私がＪＩＣＡ（当時、国際協力事業団）の専門家として赴任していた時、同僚だったパプアニューギニア大学のニューギニア人の講師（男性）たちと、ワントクの問題をめぐって議論したことがある。彼らは、いずれも、ワントクの関係はパプアニューギニア社会の誇るべき財産だという立場だった。しかし、私の目から見たときに、ワントクの関係は「持たざる者」にとっては利点であるが、都市の中流階層のようなこれから「持とうとする者」にとっては、負担になっているように思える。それはいわば都市で獲得した限られた賃金所得の再分配を要求されることになるからだ。この点で、伝統的な関係の維持によって自らの威信を獲得しようとする男たちと、実際に都市で家計をやり繰りし、居候として転がり込んできた親族や同郷者たちの面倒をみなければならない女たちとの間には、本音の相違が存在しているように思われる。

●都市空間と犯罪
都市に犯罪が多いのはなぜか

ポートモレスビーをはじめとするパプアニューギニアの都市は、犯罪が多く、治安が悪いことで悪名が高い。人びとが町を自由に歩けるのは(すりやひったくりに十分気をつけながらではあるが)日中だけだ。夜になると、街は車だけが往来し、歩行者はまったく途絶えてゴーストタウンのようになってしまう。新聞にも毎日のように凶悪な犯罪事件の記事が載る。

南太平洋の島という平和なイメージを裏切るこのパプアニューギニアの現実は、なぜ生じてしまったのだろうか。この答えを示すことは、じつは簡単ではない。

すぐに思い浮かぶのは、パプアニューギニアが貧しく、貧富の格差が存在するからという答えである。失業の多さもある。村から出てきて職がなく、ぶらぶらしている連中が、町にあふれるゆたかな品物欲しさに、犯罪に走るというものだ。しかしこの解釈は十分ではない。パプアニューギニアよりも格差が大きく、貧困が深刻な国は、世界にいくらもあるからだ。むしろパプアニューギニアは、これまでみてきたように、農村の自給的な生産様式が残っており、村に帰れば食べるには困らない。また都市ではワントクのセーフティネットが機能しており物乞いもいないという点で、絶対的貧困に陥っている人びとの割合も、貧富の格差も、他の途上国にくらべむしろ少ないといえる。失業の多さはたしかに存在するが、これも他の途上国と同様の状況である。職がないから（その代わりに）手っ取り早く強盗で金を稼ぐのだというのは、ずいぶん乱暴な議論である。

とすると、何が理由なのか。その答えを導くためには、逆に私たち自身がなぜ簡単に犯罪に走らないかを考えてみることが有効かもしれない。おそらくその常識的な説明は、犯罪を通じて得られる可能性のある利益（ベネフィット）と、犯罪を通じて失う代償（コスト）との損得勘定を考えたとき割が合わないと考えるからだろう。私たちが犯罪を通じて失うものとは何か。それは地位や信用であり、現在と将来の慎ましいながらも安定した生活、といったものである。しかし、パプアニューギニアの若者の場合、その失うべき代償が小さい。雇用や収入があり、妻子との安定した生活を送り、まじめに働いていれば少しずつ暮らしがよくなっていくだろうという希望が持てるといった条件は、残念ながらパプアニューギニア都市に暮らす多くの若者たちにとって満たされていない。

公共性と都市空間

パプアニューギニア都市で犯罪に手を染めるのが、（多くの場合結婚前の）若い男たちであるという事実が、この推測を裏付ける。しかし、これでも説明はまだ不十分である。それは、こうした状況もまた、多くの発展途上国において（格差の増大する先進国にもまた）共通のものであるからだ。

おそらくそこに加えねばならないのは、パプアニューギニア都市において、犯罪を抑制する社会的な規制が弱いことだろう。ワントクの関係性が強いことは、ワントク内部の助け合いを強める一方、それ以外のメンバーを「よそ者」としてみなすことにつながる。都市という空間／社会は、多くの人びとにとっていまだいわば「外部」であり、そこに生きる人びとが新たな都市社会を作る、言葉を換えれば「公共性」という利害を共有するメンバーであるという意識は薄い。

もちろん暴力はワントクや親族・家族の内部でも生じる。そこには、男たちの暴力が、競争する集団の対抗関係の中で肯定され、それがワントクの関係性の中でも是認されてきたことが関わっている。また伝統社会・文化の秩序の中での男性優位の構造という、パプアニューギニア特有のジェンダー関係が、そこに重なり合っていることも強調しておかなければならない。

最後に指摘しておきたいのは、パプアニューギニアにおける犯罪の多さと都市空間の関係性である。先に述べたように、パプアニューギニアの都市空間は、オーストラリア都市をモデルに作られたものであり、そこに住む人びとにとっては、自分たちの都市空間として「住み慣らす」ことがむずかしい構造を持っている。人びとは借り物の空間に、一時滞在者として、その居心地の悪さを耐えているようにみえる。

パプアニューギニアの人びとは、ビンロウジ（ビンロウヤシの実）を石灰、ライムと一緒に噛むのが好きだ。これはなくてはならない嗜好品である。しかし、このビンロウジを噛んで吐く赤い唾が公共空間を汚すからという理由で、それを露店で販売することは厳しく禁じられるようになった。

あわせて手製の食品や清涼飲料を売る露店、古着を売る店なども、衛生上問題があるという理由で、街から追い出されようとしている。これは、結果的に、ただでさえ高い物価水準を作り出している大規模な資本（フォーマルセクター）の独占を強め、草の根の人びとの創意による商売の可能性（インフォーマルセクター）を締め出している。それは、フォーマルな雇用の不足を埋め合わせ、何とか都市で生き延びようとしている人びとの生活の手段を奪い、犯罪に追いやる結果ともなっている。

公共交通機関が日中しか動いておらず、夜になると自家用車を持つ階層しか、移動手段をもたないことも、この状況に拍車をかけている。パプアニューギニア都市の住民たちは、夜の時間と空間を失っている。人びとは、映画も劇場もコンサートも、人気のあるラグビーゲームの観戦も楽しむことはできないのである。もしこうした機会があれば、都市の若者たちのやり場のない閉塞感も、少しは変わることだろう。また、そこに集まる人びとを相手に、さまざまな露店や商売の機会も生まれるにちがいない。そのなかで、大規模な資本やフォーマルセクターの支配下におかれるのではない、自前の「都市文化」をもつこと、これこそが、若者たちのフラストレーションを解消し、犯罪を減少させるとともに、パプアニューギニアの都市に新しい「公共性」をもたらすのではないかと考えるのだが。

●パプアニューギニアの人びとの日本への思い

パプアニューギニアの人びとは親日的といわれる。私も、いろいろな場所で、「日本が戦争に勝っていたら、パプアニューギニアはもっと発展していただろう」という言葉を聞く。もちろんこの言葉は、日本人である私に対する社交辞令が多分に含まれている。しかしそこにはある本音も存在しているように思う。つまり、植民地支配者であるオーストラリアが、あまり自分たちのために開発を行なってくれなかったこと、いまでもオーストラリアが後見人としてパプアニューギニアをコントロールしていることへの（恩と表裏の）苛立ちのようなものである。

クラインビットの村人と日本兵

じつは、村の暮らしで紹介したクラインビットは、日本とかかわりの深い村である。太平洋戦争の末期に、日本軍が駐留した歴史があるからだ。私がはじめてこの村を訪れてしばらく経ってから、村人にお前はここに来た初めての日本人ではないと告げられた。日本軍がこんな奥地まで来たはずはないと思い、すぐにはその言葉を信じなかったのだが、村人から一枚の名刺を見せられ、それが事実だったことがわかった。それは、戦争中にクラインビット村で過ごし、村人から食料をもらって生き延びて帰国した一人の元兵士が、そのお礼に村を訪ねたときに置いていった名刺だった。

私は、日本でその名刺の主を探し当て、話を聞いた。それによれば、日本軍がこの辺りの村々に駐留したのは、一九四五年の三月から七月までのことである（村人はそれを私に「三年」と語った）。制海権・制空権を失い、補給を断たれた日本軍は、絶望的な戦いを強いられていた。その中で、一部の部隊が前線に食糧を供給する可能性を探るという命を受け、この奥地までたどり着いて、村々に少数の兵士が分かれて滞在し、村人から食糧の提供を受けたのである。

村人は、日本兵の命令で、毎日当番を作り、雨の日でも休みなく森に出かけては、サゴ澱粉を集めたり、ブタを獲ったりした。それは大変な労苦だった。しかし、一方で、強いられたものではあったが、この日本兵との共同生活は、村人に忘れられない思い出を残した。日本兵たちがドラム缶の風呂に入っていたこと、祠《ほこら》（ハウスカミサマ）を作って、狩りに行く前には拝んでから行くように言われたこと、など。村では、今でも日本語の単語（「ブタ」「ワニ」「ヤシ」「オーライオーライ」「キヲツケ」「ヤスメ」など）が言葉の端に上り、日本語の歌（「もしもしカメよ……」「アメアメふれふれ……」など）が出てくる。村には、直接日本兵との共同生活を体験した世代はもうほとんど残っていないが、親たちに聞いた話を生き生きと再現しながら、今も語り継がれている。

そこからは日本兵と村人たちとの間に、束の間ではあるが、人間的な触れ合いがあったことがうかがえる。これは、もちろん、パプアニューギニア全体から見れば例外的なことだろう。クラインビット村のある地域でも少し奥に行くと、戦争中の日本兵の行為を非難したり賠償請求を求めたりする村もある。したがって、パプアニューギニアの人びとの日本兵への感情と戦争観は、全体としての日本軍の作戦行動の産物というよりは、個々の日本兵の（おそらくは直接に命令を下す下士官レベルの）人間性やそれに基づく判断・行動によって左右されたといえそうだ。しかし、それまで村人が知る外国人（植民地政府の巡視官や宣教師）たちが、村人と寝食を共にするなどということは考えもしなかったのに対し、日本兵たちが村に住みついたことは（糧食を欠き、追い詰められての結果ではあるが）村人との間に共同性を生み出す契機をつくったともいえるかもしれない。

パプアニューギニアと日本の関わりの将来

パプアニューギニアの街を走る車の多くが日本車である。トヨタのランドクルーザーは、今や国会議員のステータスシンボルとなっている。村でも、ヤマハの船外機、セイコーの時計、サンヨーのラジオなど、日本製品は、人びとが憧れる豊かさと発展の象徴である。

しかしパプアニューギニアの人びとが、日本に求めるのは、単に商品だけではない。そこには、日本の青年海外協力隊員や援助関係者が示す、パプアニューギニアの人びとと対等な視線で考え、ともに何かを実践し、人を育てていこうとする姿勢への共感と期待があるように思える。

一九九二年にクラインビット村の長老から日本兵の思い出を聞いたとき、彼は、手品のうまい兵隊がいて村人に披露してくれた時の驚嘆を身ぶり手ぶりを交えて生き生きと語った。そして、少年だった自分たちも「イチバン」「ニバン」といった番号を与えられて、兵隊の世話をしたことを教えてくれた。日本兵たちは、村にやってきたとき、「戦争で日本が勝ったら、ニューギニアをもっと発展させてやる」と約束して、協力を要請した。自分たちはそれを信じて日本兵たちを助けたのだという。それは軍が現地住民を宣撫する常套句であったろうが、それを信じた思いは今も村人のなかに残っている。

日本兵の昔語りが終わった後、私は長老に「日本は戦争に負け、その約束は果たされなかった。あなたはそれをどう思うか」と尋ねた。すると「それを考えるのは、あなたたちの仕事だ」という言葉が返ってきて、胸を衝かれた。戦争に負けた日本が世界で最も豊かな国のひとつになり、パプアニューギニアは「未開」の国にとどまっている。私たちは、これからパプアニューギニアとどのような関係を結んでいけるのか、また結ぶべきだろうか。

第２章　瞳輝く子供たちに魅せられて——日本で失われたもの

鈴木　紀久代

新潟県見附市で英語教室を主宰するかたわら、二〇〇二年以降、日本とパプアニューギニアの文化交流、学資・学用品の支援や教員養成のプログラムを推進。新潟パプアニューギニア協会代表。

●パプアニューギニアとの出会い

私がパプアニューギニアの支援を始めるきっかけとなったのは、電子メールに添付された二枚の写真。ちょっとはにかんだような、でもうれしそうな、キラキラと目を輝かせた小学生くらいの子供たちがそこに写っていた。

私が懇意にしている新潟県内の補助語学教師（ＡＬＴ）の有志たちは、毎年冬にミュージカルを上演し、資金を集め、そのお金を持って発展途上国に住宅建設に行くハビタット・フォー・ヒューマニティーというＮＧＯ活動に参加していた。二〇〇一年は、活動を始めて五年目ほどで、一八

カルロから送られてきた写真

名がパプアニューギニアに住宅建設に出かけたという。そのメンバーの一人であるカルロが、帰国後に、パプアニューギニアについてのエッセイと写真をメールで送ってきた。そこには「一年間に、ノート一冊、鉛筆一本だけで全ての学習をしている」という実情も書かれていた。とにもかくにも、その写真の子供たちが、とてもかわいかったので、「写真の子供たちのために私にもできることがあったら言ってください。次に行く時は、私も行きたいな」とすぐに返信した。

それまでは、私はパプアニューギニアに特に関心を持っていたわけではない。大学時代の文化人類学の先生が毎年現地調査でパプアニューギニアを訪問していて、「この国には、かつて人肉を食べる習慣があり、数年前の調査時に実際に人肉を食べたことがあるという人に会った」というちょっとショッキングな話を聞いたことを覚えていたくらい。この時まで他にはパプアニューギニアについて何も知らなかったと言っていい。

　そんな私に、同じ年の秋、例の写真の送り主のカルロが、「パプアニューギニアの支援のためのコンサートを開きたいから手伝ってほしい」と言ってきた。私が趣味で歌を歌っており、ソロのリサイタルや仲間とのコンサートを開いたり、合唱団を招いてのコンサートを企画したりしているのを知って、白羽の矢を立てたらしい。この時、私は軽い乗りで、「おもしろそう。協力するからやりましょう」と言ったのだが、今考えれば、これが今日にいたるパプアニューギニアと私との長いおつきあいの始まりとなったのだった。

　そして、初めてのパプアニューギニアへの旅行と、それに続く支援コンサートの準備のために目の回る忙しさとなる半年あまりの始まりでもあった。いろいろな幸運にも支えられて、この時は、新潟市、長岡市、見附市、佐渡島内、そして東京都内と千葉でパプアニューギニアの支援コンサートを開くことができたし、多くの学校でパプアニューギニアの文化や実情を紹介した。これは、カルロいわく「僕たちは不可能を可能にした」というほどの一大イベントとなった。

　以来現在にいたるまで、私はパプアニューギニア訪問六回、パプアニューギニアのダンスグループ（私たちが「ブイ・ジェネレーション」と命名）を招聘してのコンサートや学校訪問企画四回、大使館派遣のダンスグループとのイベントや学校訪問二回を経験。これらを通してパプアニューギニアの人びとと交流するたびにこの国が好きになり、友だちも増えた。また、物品販売や展示会や学校での授業活動などさまざまな機会を通じてパプアニューギニアを愛するさまざまな人とのつな

盛装した村人の出迎え（ダグ・ブリテン撮影）

がりも拡がって今に至っている。

●初めてのパプアニューギニア

初めてパプアニューギニアを訪れたのは、二〇〇二年四月、ニューギニア航空の成田―ポートモレスビー直通便就航第二便に乗ってのことだった。日本人一一名、アメリカ人三名、カナダ人一名の計一五名と総計五三八キロの荷物を持っての旅立ちだ。現地の学校の黒板などを塗り替えるために持ち込もうとしたペンキ類が、危険物とみなされたり、ポートモレスビーの空港で両替に手間取り、私とカルロがレイ行きの飛行機に乗り遅れそうになり、空港内の職員通路を猛ダッシュしたり、レイからの三台のボートのうち、私の乗ったボートがエンジントラブルで一度レイに戻り、と多少のトラブルを経て、その日の目的地ラバビア（現地の人たちは、カミアリと呼んでいる）にたどり着いたときは真っ暗だった。

ここは、ヴィレッジ・ディベロップメント・トラストというパプアニューギニアのＮＧＯが当時の活動拠点にしていた所で、大変に美しい海をはるかに見渡せる位置にあり、私たちが使う他の村のゲストハウス（宿泊施設）よりも設備が整っていた。カミアリは日本語では「神在り」に通じる呼び名だと現地の人に話したら、その通りだととても喜んでいた。

翌日、ワリア川を上ってサイガラのゲストハウスに移動し、ジャレ村とアインゼ村の中間にある、ジャレ＝アインゼ・コミュニティースクール（日本の小学校と中学校にあたる）を訪問した。ここでの歓迎ぶりは今も思い出す。

まず、校庭に入る前には結界が張られ、一人ずつ頭を低くして結界の中へと入る。すると、槍を持った男たちが奇声を挙げてこちらに向かって走ってくるではないか。そして私たちが立っている目の前にやってきた。これはよその土地から来た人を受け入れるための儀式だという。ここでこちらが敵意のないことを示せば、今度は、鳥の羽や貝殻やビルム（手作りの袋）で美しく盛装した村人が現れ歓迎の踊りを踊り、槍を持った男たちが案内役として村の中へと導いてくれる。

校庭には、ここの学校に通う生徒全員と生徒の家族全員なのだろう、八〇〇人ほどの人びとが集まっていた。そこで私たちは持ってきたノートや鉛筆などの学用品の入った箱を引き渡す式典を行い、その後、三人または四人の班に別れて各教室におもむいた。

私は音楽担当の班に入り、日本で集めた鍵盤ハーモニカを子供二人に一台ずつ配って演奏の指導

椰子の実を割る（ダグ・ブリテン撮影）

をした。初めて触る楽器にとまどう子供たちもいたが、私たち三人が輪奏した「かえるの歌」には、拍手喝采してくれた。他の班では、子供たちと相撲をとったり、剣玉をしたり、日本の文字を書いて見せたりしたようだ。日本文化紹介の後は、パプアニューギニアの伝統的な遊びやゲームを教えてもらった。もちろん、クンドゥー・ドラムを持った人びとが歌い踊る。目標めがけて槍を投げるゲームもあったし、横に並んで足を投げ出した人たちの間を足を踏まずに駆け抜ける遊びもあった。

印象に残っているのは、ある幼い少女が、私の手をぎゅっと握って離そうとしなかった事。その子は、まだ英語の勉強を始める前で、私とのコミュニケーションといえるのは、笑顔とつないだ手だけだったのだが、しっかりつないだ手が「遠くから来てくれてありがとう」と必死に訴えているような気がして、私もその手を離す事ができなかった。

　おもしろいエピソードもある。村には、精霊の力を借りて不思議なことができる人物がいるという。たぶん、シャーマンのような存在なのだろう。彼は精霊の特別な力を借りて椰子《やし》の実を素手で割ることができるという。精神を統一し、八〇〇人が見守る中で、彼は見事に素手で椰子の実を割って見せた。さて、これを日本人にもやってみろという。これには一五人の中の最年長の羽賀さんが手を上げた。私は、羽賀さんが空手を得意としていることを知っていたので、椰子の実は割れるだろうと思って見ていた。現地の人たちは、椰子の実を素手で割るのは精霊から特別な力を与えられた人だけだと信じていたので、羽賀さんが見事に一刀のもとに椰子の実を真っ二つに割って見せたときには、大きなどよめきが上がった。その後もしばらく、「すごい、すごい」と声が上がり、羽賀さんはすっかりヒーローになった。

　さて、その後、村の代表の一人が、ジャレ村、アインゼ村の様子を案内してくれた。学校の先生たちや村の代表者たちは英語がうまいので、コミュニケーションをとるには困らない。村の様子を見ながら、ピジン語や村の言葉をいくつか教えてもらった。このとき村の何人かが私のところにやってきて、バナナやパイナップルや貝殻の首飾りや木彫りのナイノやフォークなどを渡してくれた。聞くと、もともとのジア族の言葉には、「ありがとう」に相当する言葉がない。そのため感謝の意を表すために相手に贈り物をするのだという。現在は、ジアの村々でもピジン語の Tank yu（タンキュー）や英語の Thank you も使われるが、感謝する相手には言葉でなく贈り物をする慣習が

海沿いの村の家（郷保治撮影）

今でも残っている。

三日目からは、二軒の住宅建築の手伝いをしたり、遠くの村まで足を伸ばしたり、新潟県の上越市の方が農業指導したという水田を見学したり、ジャングルの中を歩いたりと、いろいろな体験をした。一寸先も見えない闇夜というものも初めて知った。キャンプファイヤーのように薪を囲んで歌ったり踊ったりの楽しいひと時も過ごした。あっという間の一週間が過ぎ、帰国の途についたが、この時には私はすっかりパプアニューギニアのファンになっていた。それは、何よりもパプアニューギニアの人たちが見せる笑顔と屈託のなさのなせるわざと言える。

●ジア族の生活

私たちが支援活動をしている地域は、ポートモレスビーから飛行機に乗り換えて、パプアニューギニア第二の都市レイに行き、レイの港からボートで二時間、ワリア川河口付近で小型ボートに乗り換えて三〇分から一時間、ワリア川沿いに広がる村落である。ここには四つのコミュニティースクールと三つのゲストハウス（宿泊施設）があり、ジア族と呼ばれる人びとが住んでいる。ここにはガスも電気も水道もない。車が通るような道もない。自転車さえ走ってはいない。村役場に当たる建物もない。およそ日本に溢れている物は何もないが、日本人にない物、失ってしまった物が全てある。

まずは、自然。豊富な動植物。美しい熱帯雨林やマングローブの林。どこでも目にする椰子の木。喉が渇くと現地の人に頼んで、椰子の実を取ってもらいジュースを飲む。そのおいしさは日本では味わえない。不思議な植物も見た。形はどこをどう見ても日本で食用にするゼンマイなのに、高さが三メートルもある。「これはなんという植物なの」と尋ねたが、名前はわからなかった。夜は星。北極星の代わりに南十字星が見え、カシオペア座など見慣れた星座が逆向きに見えるのもおもしろいし、すごく不思議な感覚だ。ある晩ボートに乗って見上げた空に見た満天の星の美しさは忘れられない。きれいな川も流れていて、シャワーのないゲストハウスに宿泊した際は、お風呂の代わりに川で水浴びをした。

二つ目は、地域社会のつながりの強さをあげたい。私たちが訪ねていくと、村をあげて歓迎してくれる。いつも村中の人たちが集まってくる。日本で町内会を開いても、町内会の全メンバーが集まることなどあるだろうか。町内会の集まりなんてないというところも多いくらいだ。パプアニューギニアで人びとが集まると、もちろんシンシン（踊り）が始まる。大人は、子どもたちの手本となって部族に伝わる伝統や踊りを教え、他人の子供であろうとかまわずに叱ったり、褒めたりする。

ジア族は、母系家族を基本として、ベゴ（サイチョウをシンボルとし、豚を飼育）、イェワ（極楽鳥をシンボルとし、赤いオウムを飼育）、ワポ（わしをシンボルとし、タロイモを栽培）、サキヤ（オウムの一種、コカトゥースをシンボルとし、漁業に従事）という四つの氏族（クラン）から成り立っているが、各クラン内でお互いの家族を助け合うシステムが存在する。そして四つのクランは、ブイ・イブ（精霊堂。パプアニューギニアでは一般的に「ハウスタンブラン」と呼ぶ）と呼ばれる神聖な集会所に集まり、部族やクランの結束を固めたり、問題点を話し合ったり、男性メンバーの成人儀式を行う。

このブイは村の仕組みであり、婚姻制度、社会ルールを決定している絶対的な存在だ。これは、ジア族の人びとの精神的な支えでもある。そしてブイの仕組みと精神は、ブイ・イブの中で大人から子供へ三年から五年をかけて伝えられ、守られていく。

私も、最初の訪問の際にワポのクランに入る儀式を受けた。ワポの代表からワポ・バウノ（ワポの女性）としての認証を受け、タロイモや果物や首飾りやビルムのプレゼントを受け取った。ワポの一員となったからには、その規則に従い、この人たちのために働かねばならない義務も生まれる。私の現在の活動が、少しでもこのお返しになっているといいのだけれど。

同じ地域社会の住人としての規律を守り、助け合う精神は、日本では今や、なかなかお目にかかれない。日本の社会は複雑になりすぎて、全員一致で「これこそ正しい」をいえる社会の決まりを持っていない。個人の意見が尊重されるために、個人を犠牲にして社会に貢献する精神は、かなり薄れてしまった。ブイは、日本人が捨ててしまった地域の絆そのもののように思える。

そして、忘れてはならないのが、子供たちの輝く瞳。私が近づくと恥ずかしそうに寄ってきて物珍しそうに私を見ていた子供たち。自分で作ったカヌーを自慢そうに見せてくれた少年。高い木の上から川に飛び込んで遊んでいた子供たち。私の手をしっかり握って離そうとしなかった女の子。どの子供たちもキラキラ光る瞳と同じ、キラキラ光る将来を信じているように見えた。「学校は好き？」と聞くとコクリとうなずく。日本の子供たちはどうだろう。小学生でも、「疲れた。眠い」が口癖となり、「学校に行きたくない」という子も多い。ふだんの生活の中でキラキラ瞳を輝かせている日本の子供たちを見ることは少ない。

自給自足の生活に憧れる日本人もいなくはないが、パプアニューギニアでは、自給自足が当たり前。森の木を切り家を作り、自然薯《じねんじょ》や木の実や果物を採取して調理し、時には家で飼っている鶏を食べたり、海や川の魚を釣ったり、猪狩りをしたり。

火も自分で熾《おこ》す。二本の木と藁のようなものがあれば、子供でもあっという間に火をつけることができる。以前、日本人の何人かがこの火熾《ひおこ》しに挑戦したが、一時間立っても煙は出ても火を熾すことはできなかった。

ビルムなどの生活用品は身の回りの木の葉や皮などを使って自分で作る。ビルムは木の皮を細く裂いて縒《よ》って紐状にして編む。赤や緑の染料も木の実などを使って川で染める。編みあがったビルムは、かばんとして物を入れたり、衣服と飾りをかねて身につけることもある。また、この中で赤ちゃんを育てる。シンシンに使うクンドゥー・ドラムは、木をくりぬいて作るし、木の実を使ってカスタネットも作る。さまざまな鳥の羽を集め色とりどりで各自独特の飾りを頭にかぶる。何から何まで手作りだ。

自分に必要なものは自分で作り出す知恵が引き継がれている。生活に必要なものは遠い町まで行かずともほぼ何でも身近に手に入れることができる。工業製品はほとんどないが、生活必需品はそろっているのだ。そしてその地独特の文化が根づき伝統的な知恵と生活様式が人びとを支えている。

とはいえ、最近では、こうした村にもノキアがやって来て、携帯電話が使えるようになったようだ。国の近代化が進み、村の生活も徐々に変わっていくのかもしれない。

●今後の活動

私たち新潟パプアニューギニア協会では、ワリアバリー・チルドレンズ・プロジェクトという名で、学資・学用品の支援や教員養成のプログラムを進めている。なかなか思うように進まずに投げ出したくなるときもあるが、パプアニューギニアの子供たちの輝く瞳を思い出して、軌道に乗るまで時間がかかっても活動を続けたいと思っている。理想を言えば、私たちの支援が必要ではなくな

ブイ・ジェネレーションの学校訪問
（見附市立上北谷小学校、2002年6月、中央は筆者）

る日が一日でも早く来てほしい。

一方で、日本の人びと、特に小・中学生にパプアニューギニアの文化を紹介する活動に力を入れている。私一人で学校を訪ねてパプアニューギニアについて話をすることもあるし、私たちがパプアニューギニア・ジア族のダンスグループ、ブイ・ジェネレーションを招聘した際や、駐日パプアニューギニア大使館からダンスグループの受け入れを頼まれた際には、一緒に学校を訪問したこともある。

一般の人びとを対象にしたイベントも企画しているが、やはり、小学校の学校訪問は楽しい。ダンサーたちの踊りや村の様子の写真を見るときは、日本の子供たちもキラキラ瞳を輝かせて食い入るように見ている。ある学校を訪問したときは、「ふだんおとなしい子供たちなので、どんな反応をするのかと心配していたが、興味深そうに踊りを見ていたし、熱心に質問している姿を見て驚いた」との感想を先生方から聞いた。パプアニューギニアを紹介する際には、木の実で作った独楽を回したり、踊りを一緒に踊ったり、ビルムで綱引きをしたりするのだが、みな夢中で参加してくれる。

「パプアニューギニアでも雪が降るんだよ」と話すと、「エー、本当？」と大きな声が上がる。また、子供たちにパプアニューギニアのイメージを尋ねると「貧しい国」という子がいるが、そんな時、私はいつも「日本にあるものは何もないけれど、生活に必要なものは全て身近にある豊かな国だよ」と話し、実際の手作りの生活用品を見てもらう。七〇〇以上の言語とそれと同じく多様な豊かな文化を持つパプアニューギニア。私たちの活動をきっかけにこの国に興味を持って、訪問する人、理解する人がもっともっと増えることを願いたい。

実際、両国の子供たちの様子を見ていると、自然から切り離され、大人から精神的な指針を示されずに成長する日本の子供たちと、自然に囲まれ、大人から生きる知恵を授かり、身近な大人を尊敬して生きるパプアニューギニアの子供たちは、どちらが幸せなのかと、時々考えてしまう。パプアニューギニアでは、時間がゆったり流れる。雨が降れば、予定のシンシンは延期となり、雨があがるまでゆったりと待つ。探し物があっても、真っ暗な夜が来れば、翌日の朝まで待つしかない。パプアニューギニアの人びとの何の屈託もない笑顔が、「そんなに時間に追われて生きなくてもいいじゃないか」と教えてくれる気がする。

パプアニューギニアの人びとは、日本を「高度に発達した国だ」と思っている。実際来日した人たちは口々に「日本はすばらしい。人びとは親切だし、働き者だ」と絶賛してくれるが、日本人は、その賞賛にどのように答えることができるだろうか。忘れかけている生活をパプアニューギニアから学び、パプアニューギニアにはない農業技術や工業技術を伝え、お互いが精神的にも物質的にもより豊かな生活を送れる未来が来ることを願いたい。日本とパプアニューギニアのキラキラ輝く瞳の子供たちの未来のために。

第３章　米が食べたい――イモからコメへの稲作指導

荏原　美知勝

一九九三年から、国際ＮＧＯオイスカのラバウル研修センター所長として、稲作を主体としたパプアニューギニア人の農業研修の指導にあたる。二〇〇六年から同研修センター技術顧問。

「米を腹いっぱい食べたい！」という願いは、今でも多くのパプアニューギニア人が抱いている願いである。長い間、芋類（さつま芋、タロイモ、ジャガイモ、キャッサバ（タピオカ））とバナナ、サゴヤシ澱粉《でんぷん》などを長い間主食にして生きてきた現地の人の食生活に、近年コメが入り込んできた。今ではおそらく一般家庭の食卓には週に三―四回、ご飯が上る。中の上の家庭では、一日一食はご飯になってきた。米食好みは若い世代に顕著であり、特に年齢が下がれば下がるほど、「ライス！ライスが食べたい！」と言って親を困らせている。

現地の人のほとんどは、米を研ぐことなくご飯を炊く。米は舶来品のイメージがあり、白いご飯を食べることは彼らの憧れでもある。また米は他の芋やバナナとちがって煮炊きが非常に楽であり、そして日本人だけでなく、米は彼らにとっても何よりも美味しい！

政府要人のスピーチの中で毎回稲作の話になると、次の言葉が必ず出てくる。「我々の食生活は現在大きく変わり、米が主食になってきた。米は国の食糧安全保障にとっても重要な穀物である。なぜならば、米は栄養価が高く長い間貯蔵もできるからだ。」

「プランティング・ライス！　稲を植えよう！」が現在、農村開発・貧困問題解決の合言葉のひとつになっている。「お腹一杯米が食べたい」という願いの意味が、現在とひと昔前とではは っきり変わってきた。カカオやコプラ、木材を売って得たお金で、米を店から買ってお腹を満たしたいと願っていた時期から、米は買うものではなく自分たちで作るものへ。そして米の栽培は自分たちの腹を満たすため以上の、重要な生活を支える営みであることを認識し始めてきた。

カカオやコプラの価格変動も激しく農民の収入は安定していない。近年の異常気象にもからみ、パプアニューギニア国内で起こった長雨やその反対の異常に長い乾季、ニワトリに発症したニューカッスル病、鳥インフルエンザ、カカオ豆を食い荒らすシンクイ虫など、以前にはあまりなかった作物の不作や病虫害が農民にのしかかり、農民と政府の意識を確実に変えてきている。

一九六〇―一九八〇年代、オイスカの活動のモットーであった「フード・ファースト（食糧第一）！」が、二一世紀のパプアニューギニアでも、その真実が確かめられ、実践に移されて来ている。

●東ニューブリテン州での稲作の始まり

一九八七年に東ニューブリテン州ラバウルにオイスカ・ラバウル研修センターが設立されるまでは、パプアニューギニア国内での米作りはほぼ皆無と言ってよかった。第二次世界大戦中、軍需品や食糧の補給が絶たれた後、日本の軍人が栽培していた陸稲を見よう見真似で引き継ぎ、細々と栽培していたブーゲンビル（シワイ地区）の農民。そして東ニューブリテン州オープンベイでフィリピン人が水稲栽培をしていた（一九九二年プロジェクト閉鎖）以外、パプアニューギニアで米作りはなされていなかった。

しかし二〇〇九年現在、パプアニューギニアのマモセ地域（マダン州、モロベ州、東セピック州、サンダウン州）を筆頭に、ニューギニア・アイランド地域（東ニューブリテン州、西ニューブリテン州、ニューアイルランド州、ブーゲンビル自治州）、そしてハイランド（高地）地域（東ハイランド州、西ハイランド州、南ハイランド州）で、稲作が農民の栽培作物に取り入れられ、東セピック州マプリック地区ではひとつの産業にまで躍進するレベルに発展してきた。米を食べたいと願って始めた現地での稲作について、どのような経緯を経て自らの手で米作りを始め、家計を助ける換金作物にまで高めていったか、筆者の知るところで述べてみたい。

マルティン・トバデック氏

身長約一六〇センチ、体重約七〇キロ、小柄ではあるががっちりした体格で、トライ族独特の風貌を備えた故マルティン・トバデック氏（一九三八年―二〇〇四年）。東ニューブリテン州のガゼ

1988年、センターの開所式で記念植樹をするトバデック氏（写真左）。現地を訪問した中野良子オイスカ総裁（写真中央）とともに

ル選挙区から三度国会議員に選出された地元の有力者。二〇〇四年新年に、元首のエリザベス女王よりナイト（Knight）の称号が授与された。オイスカをラバウルに招聘したこのひとりの人物の努力を抜きにして、現在パプアニューギニア各地で行われている農民による米作りの歴史を語ることはできない。

六〇歳を越して頭はすっかり白髪で覆われていたが、トバデック氏の肌は艶々しており、二の腕やふくらはぎの筋肉は若々しく、まるで青年の肉体のようであった。他の多くのパプアニューギニア人とちがい、時間と規則、約束事に厳格であり、私は日本人として氏と一緒に仕事をすることにまったく違和感はなかった。

同氏が国会議員であった当時、なぜパプアニューギニアにオイスカを招聘したか、毎年新しい研修生がパプアニューギニア全土から集まるたびに、私は何度もトバデック氏から聞かされた。

「私は第二次世界大戦中まだ子供だったが、日本の軍人の生活を垣間見る機会があった。日本人は統率がとれ、とても勤勉であり、労働に対していつも真剣であった。第二次大戦後パプアニューギニアはオーストラリアに統治されたが、日本人とオーストラリア人の大きなちがいは、一緒に生きようとする姿勢だ。日本人は現地人である村人と一緒に炎天下で働いた。そして仕事のやり方を教えてくれた。一方、オーストラリア人は自分たちは働かずに、足と顎を使って、私たちにああしろ、こうしろと命令をして仕事を進めていた。自分が幼い時に見た日本人にこの国の青年の育成をお願いしてみたいと思った。そして同時に米作りを生活と文化の中心にして国を作ってきた日本人に、米作りを皆さんのような青年や農民に教えてもらいたかった。そしてどの団体を招聘するかいろいろ探していた時、偶然空港に置いてあった雑誌の中で日本の国際NGOであるオイスカのことを知り、オイスカをパプアニューギニアに招聘する手続きを進めた。」

オイスカ・ラバウル支局の会長もつとめたトバデック氏は、国会議員としての在職中に何度も日本の土を踏み、日本人の礼儀正しさ、日本が世界の先進国でありながら伝統文化をしっかり守って生きている姿に対して、いつも大きな敬意を払ってくれた。また年齢が二〇歳以上も年下の私に対して、「ミスター」ではなく、つねに「サー・エハラ」と話しかけてもらったことを、今でもありがたく思い返している。

トバデック氏は、オイスカをパプアニューギニアに招聘するに当たって、多額の私財を投げ打ってオイスカ研修センターの宿舎、食堂、スタッフ家屋、教室、日本人用宿舎などを準備された。トバデック氏の青年育成を通しての国づくりに対する使命感、そして米作りに対する熱情がなければオイスカのパプアニューギニアでの存在はなく、同時に米作りの普及も今のようなレベルにはいたっていなかったことは断言できる。

この故マルティン・トバデック氏を「パプアニューギニアにおける稲作の父」と尊敬の念をこめて呼びたいと思う。

戦争の記憶

第二次世界大戦は日本の侵略戦争であったと批判的な評価が大勢を占めているが、その一方で日本を自分の祖国のように愛着を持っていた村の人びとがいる。私がパプアニューギニアに赴任する以前にいた南太平洋の小国パラオ共和国（一九八三年―九三年駐在）の老人たちは、私に何度もきれいな日本語でこう語っていた――「死ぬ前に一度でいいから内地(日本のこと)に行ってみたい！」「アメリカは自由をパラオ人に教えてくれたが、日本人は規律と労働を教えてくれた。パラオ国の発展を考えると日本人の生き方の方がよいと思う。」

またパプアニューギニアの東ニューブリテン州では、老人だけでなく青年たちから以下のようなコメントをしばしば耳にしてきた。「もし日本が戦争に勝ってパプアニューギニアを統治していたら、私たちの村も国ももっと発展していたにちがいないのに残念だった」。日本と日本人を信頼し、国の発展を期待していた人びとが、戦地になったふたつの国におられることを記したい。

このような親日的な関係のもといとなって労し、そして尊い命を捧げられた日本の軍人軍属の皆様に深く敬意を表したい。これらの方がたの尊い現地での働きのお陰で、後に来た筆者のような日本人や日本人団体がすぐに現地に快く受け入れられて働くことができている、この事実をまずお伝えしたい。目には見えない莫大な財産を戦地にて築いて下さった。心から感謝している。

●パプアニューギニアの米作りの拠点

オイスカ・ラバウル研修センター

ラバウルは南緯四度東経一五二度に位置し、海洋性気候であり、アフリカ大陸のようなはっきりとした乾季と雨季はない。地震は多いが台風もほとんどない。熱帯雨林の地であり、いつもジメジメしており湿度は年平均八〇%を上回る。しかし想像するほど暑くなく、百葉箱の温度計が四〇度まで上がることはめったにない。ただしこの地はマラリア流行地帯であり、日本での一時帰国中に献血をしようと思ったが、マラリア感染の疑いがあるからということで、採血するのを拒否された。

このようなラバウルの地に、一九八七年、稲作を主体にした農業研修を提供する日本の国際NGO（財）オイスカの研修センター「オイスカ・ラバウル研修センター」が開所した。農業離れが進むパプアニューギニアの中であるが、地域の指導者の要請を受けて毎年、パプアニューギニア全国から約二〇〇名の青年や農民を受け入れ、稲作、蔬菜《そさい》栽培、畜産（養鶏、養豚、淡水魚・ワニ養殖）、植林と苗木の育苗を中心とした林業研修等々を提供している。

オイスカ・ラバウル研修センター

パプアニューギニア国内では戦後、オイスカがパイオニア的存在となって稲作を本格的に始めたと言える。ラバウルから南南東約三五キロ、ワランゴイ川とメイヤップ小川の間にできた約三五ヘクタールの洲からなる農地が、パプアニューギニア稲作の舞台として用いられた。

奇跡のラバウル産コシヒカリ

研修センター開所の一年前の一九八六年、このオイスカ・ラバウル研修センター初代所長として鳥谷部次男氏（二〇〇四年没）とご家族が赴任し、研修センター開所準備と現地での稲作試験栽培の任務を担った。鳥谷部氏はフィリピンのミンドロ島で一〇年以上稲作指導をしていた、熱帯での稲作栽培の専門家であった。

鳥谷部氏はわずか一握りのコシヒカリの種モミをラバウルに持ち込み、現地で稲作の試験栽培を始めた。野菜の場合、日本の夏野菜を熱帯の地で栽培しても、生長はたしかに早いが栽培者を困惑させるほどのちがいはない。しかし稲はまったく生長がちがい、驚嘆させられる。現地での日本種の稲の生育は概要、次のようである。

種もみを蒔き発芽する。本葉三―五枚で止葉となり穂が出てくる。稲株の分けつはなく、草丈二〇センチくらいで一本の穂には一〇―二〇粒程度のモミが生る。モミがデンプンを貯め、収穫までに約五週間の期間を要する。

奇跡のコシヒカリ（1987年）

熱帯である現地は高温と直射日光が強いため、稲は日本では考えられないほど早い生長をする。しかしこの稲株から種を採り、蒔くと次回の生育は順次大きくなり、自家採種を五―六回継続すると、現地の環境にほぼ順応し、稲株の丈が八〇―九〇センチにまで大きくなってからの出穂になる。

しかし、鳥谷部氏が持ち込んだコシヒカリの種子はそのような生育の仕方ではなく、初めから立派に育ち大きな穂を付けたという(写真参照)。日本米にある豊かな香りと味にはやはり及ばないが、パプアニューギニア・ラバウル産コシヒカリが誕生した。私が赴任した一九九三年当時もそうであったが、稲の生長は非常にすばらしく、日本以上であり、稲株ひとつを刈り取るのに片手では稲株の三分の二しかつかめないほど太かった（植え付け間隔は何と六〇センチ×三〇センチ）。鳥谷部氏が持ち込んだコシヒカリは、なぜ初めからこのような生育をしたのか説明がつかない。トバデック氏と鳥谷部氏、この他界された二人の稲作に賭けた情熱の故か、オイスカに与えられたパプアニューギニアでの使命を後押しする何か大きな力が働いたとしか考えられない。

私とはわずか一週間足らずの現地での引き継ぎ期間しかなかったが、鳥谷部所長は口癖のように「現地の農業青年を育て、彼らの手で米作りを進め、パプアニューギニアを新しい世界の穀物生産国にするんだ」と語っていた。このような背景と歴史の上に立ち、パプアニューギニアで本格的な米作りが始まった。

有機農業への転換を

順調に進んでいたラバウルでの米作りであったが、一九九〇年下半期頃から大きな問題が起こっていた。トビイロウンカの被害である。この害虫が稲の株元に数十匹も着き、株全体を枯らしてしまうため、モミの登熟が進まない。当時の栽培方法は日本の慣行農法であり、ウンカの被害がひどくなった頃には日曜日も毎日田んぼに出て、化学農薬を散布した。しかし、ウンカに抗体ができたのだろう、一九九三年の下半期になると、農薬はまったく効かなくなった。オイスカ研修センターには一枚三反歩の田んぼが一八枚あるが、枯れた稲株が一面を覆い、稲の収穫はほぼ皆無になった。

稲作りが不調になるに連れ、研修にも支障が出てきた。規律が乱れ、農作業に関心がなくなってしまった研修生たち。それも無理もない。収穫の喜びを味わうことのできない米作り研修など、意味が見出せないからである。

このようなオイスカ・ラバウル研修センターの危機を迎えたとき、それでも研修生の先頭に立ち、毎日田んぼに足を運んで稲の苗の生長を見、田んぼの水位を確認し、黙々と草取りに励んでくれたのがフランシス・レバ君たちであった。ほとんど成熟していない数千数万の稲株の中から、次の播種のため少しでも実の入っているモミを根気よく見つけ出す作業をしてくれたのも、フランシス君を中心とした現地オイスカの教官たちであった。

私がラバウルに赴任をして五ヵ月が経った頃の一九九三年八月、教官として頑張ってくれていたフランシス・レバ君とゲスリー君を呼び、今後の研修センターでの農法についてミーティングを開いた。私はひとつの提案をした。

「今までやってきた、農薬と化学肥料をたくさん使った米作りはもうやめようと思う。毎日研修生に病人が出て寝込んでいるのは、まちがいなく農薬のせいだ。農薬は毒だから、害虫を殺すが人の健康も駄目にする。田んぼにいるトンボの幼虫やクモなどの益虫も殺してしまう。そしてできた米には農薬がかかっていて、体によくない。米ヌカにも農薬がかかっているから、それを畜産飼料にするのもよくない。農薬がかかった稲ワラも野菜クズも命にとっては悪いものであり、野菜クズを豚やニワトリにあげることができない。農薬が生命の連鎖を切ってしまっている。」

「今たくさん使っている化学肥料は、窒素、リン酸、カリだけで、それ以外の作物に必要な微量要素を含んでいないので、土がおかしくなり、作物が健全に育たなくなってしまった。今までやって来た農法はやめて、これからは無農薬・無化学肥料の有機農業をラバウルで始め、パプア

オイスカ研修生による日本式の田植え（1994年）

ニューギニア全土で進めたい。自分はここに来てまだ間もなく、有機農業を始めるのにどんな資材がここで調達できるかわからないから、ぜひ助けてほしい。」

「日本の農薬と化学肥料に依存したまちがった農業をパプアニューギニアの研修生たちに教えるのは罪だと思う。このままでは田んぼや畑の生態系が崩れ、土壌と水が汚染され、豊かなパプアニューギニアの自然を壊してしまう。日本が経験した過ちをパプアニューギニアで自分がやることはできない。これからは有機農業の時代。パプアニューギニアでいまだ誰も技術として取り組んでいない有機農業を広めて行こう！」

この有機農業の話を、二人はおそらく半分も理解できなかったと思う。しかし、日本人である私を信じて全面的に協力をしてくれて、米作りに気

フランシス・レバ氏

の乗らない研修生を根気よく引っ張ってくれた。今でも彼らへの感謝の念は、私の胸の中に大きく存在している。

一九九三年九月に完全無農薬無化学肥料の有機農業に変えてから八ヵ月後の一九九四年四月七日、記念すべき新しい農法によるコシヒカリの収穫を迎えることができた。有機農業に変えて田んぼからウンカがいなくなった訳ではない。ウンカは稲株にたくさん着いていたが、太く硬く育った稲株を食い切れなかったのである。また、日の出の太陽に照らされた何百ものクモの巣が田んぼを覆っているのを見ることができるようになった。また、日中になると何十というトンボがいくつも群れを成して田んぼの上を飛び交い、田んぼに満ちた生き物を見るだけでも喜びがあった。

またこの時、村での米作り普及の可能性が同時に見えた。今までの慣行農業は農薬と化学肥料にかかる経費が大きく、店で米を買ったほうが、同じ量の米を作るためにかかる経費よりもはるかに安い、という大きな矛盾があったのである。有機農法こそ村人の米作りを助け、自然を守る農法であることを確信した出来事であった。

稲作のスペシャリスト、フランシス・レバ君

東ニューブリテン州には三つの大きな族が存在している。トライ族、ポミオ族そしてバイニン族である。フランシス・レバ君は、このうちで最も多く州の中で力のあるトライ族出身である。奥さんと子供七人を養い、ラバウルで稲作に関わってから二〇年以上の経験を持つ。オイスカに入ったときは二〇歳前後であったが、彼はすでに「パプアニューギニアの将来は米作りの時代になる」と信じていた。オイスカでは稲作のほかに野菜栽培、畜産（養鶏、養豚、淡水魚養殖）、林業などの実習科目があるが、彼は他の科目には関心を示さず、ただひたすら炎天下でも降雨時でも裸足で田んぼに入り、腰をかがめて草取りに励んでいた。

同氏はオイスカ・ラバウル研修センターに一九八七年入所の第一期研修生であり、一九八九年に現地から日本に初めて派遣された研修生でもある。現在、当研修センターの副所長をつとめるなど、パプアニューギニア国内の稲作普及の中心人物であり、パプアニューギニア農業畜産省（ＤＡＬ）にも顔が利く。ＪＩＣＡ（独立行政法人国際協力機構）がパプアニューギニアで支援した小規模稲作普及プロジェクトでは、同氏が稲作短期研修責任者、モニタリング担当者として活躍してくれた。

二〇〇九年、カカオの大産地であるラバウルを直撃したカカオポッドボーラー（ＣＰＢ、チョコレートになるカカオ豆を食い荒らすカカオシンクイ虫）の影響で、非常に多くのカカオ栽培農家がカカオの木を切り倒して米作りを始めたが、現地農民への稲作指導もフランシス・レバ氏が中心となって進められている。

●ポミオ地区での稲作の始まり
ポミオ地区のパイオニア、フランシス・アイアン君

クランプン村というのは、ポミオ地区の東ポミオ地方政府がその行政を司っている村のひとつである。この村からフランシス・アイアン君という青年がオイスカ・ラバウル研修センターで有機農業を学び一九九七年に卒業した。フランシス君は独立精神が旺盛な青年で、当時二一歳。オイスカに在籍中（三年間研修）に学費が払えなくなったとき、一年間休学して野菜や芋を育てて学費を自分でかせぎ、四年かかってオイスカの修了証書をもらった。地味でとつとつと話し、独特な笑い方を身につけていた。今まで二〇〇〇人以上の研修生と関わってきたが、私にとって彼は記憶に残る研修生の一人である。このフランシス君がオイスカでの研修修了後自分の村に帰り、オイスカで学んだ稲作の技術と知識をクランプン村とその近隣の村人たちに伝え始めた。

また二〇〇〇年頃までは「パプアニューギニアでは米はできない」と喧伝され、現地の人びとの多くがそれを信じていた時代。カカオ豆やココナッツ（コプラ）や材木を売って収入を得、店からオーストラリア産の米を買う。そういう生活がすでに構築されていた時代。「米は育てるものではなく店で買うもの」という意識構造が根づいてしまっていた。また、そのような中、国際価格の変動はあるが、カカオ豆やココナッツを栽培して得られる収入も比較的大きく十分なものであり、農民自ら稲を育てる意識改革、生活改革を浸透させるには大変な労力を要した時代であった。

フランシス君はそのような中、車輌のない村で山々を徒歩で歩きめぐり、稲の種籾を農民に配り、

同時に稲作栽培の普及に努めた。ポミオ地区での稲作栽培を普及させたパイオニアであった。

遠い村からわざわざ精米に

二〇〇〇年二月、長いクリスマス休暇が終わり、パプアニューギニアの全ての学校が始業式を迎え、国全体に新しい息吹を感じる時期。フランシス・アイアン君の出身地、クランプン村からひとりの青年がオイスカにやって来た。「村で穫れた米六袋を、来週オイスカに運んで来るから、精米をお願いします！」

「精米のため六袋のモミをクランプン村からボートでオイスカまで持って来る」。その連絡を受けたとき、私にはひとつ大きな疑問が頭をよぎった。日本人だけでなく、おそらく学校で教育を受けた全ての人がまず考えることと思う。「米のモミ六袋をクランプンからココポ（一九九五年以降東ニューブリテン州の州都）までボートで運ぶのにいくらかかるのか？（クランプン村には道路がなくボート以外の交通手段がない）」「オイスカで精米した米を持って帰るのにいくらかかるのか？」「村で米を販売したらいくらになるのか？」

オイスカに来たクランプン村の青年に聞くと、片道六〇〇キナ（二万一〇〇〇円。一キナが約三五円程度）かかるとの返事。往復で一二〇〇キナ。ココポからオイスカまでのモミと白米の運搬車輌代往復五〇キナ。オイスカでの精米機使用代が一キログラム当たり〇・一五キナ、六袋で五四キナ。モミから白米になる率を七〇％とすると六袋のモミは約二五二キログラムになる。当時白米一キロの値段が約一キナ七〇トヤ（トヤは一〇〇分の一キナ）。クランプン村で一キロ二キナ五〇トヤで売ったとしても収入は六三〇キナ。支出が一三〇四キナだから赤字六七四キナ！ モミをボートで持ってくる農民の食事代や宿泊代も入れたら、赤字は七五〇キナ（二万六〇〇〇円強）くらいにふくれ上がる。私はこの簡単な試算をしてみて、農民の考えはどうなっているのか半分あきれたと同時に大きく新鮮な感動を味わった。農民の考えはただ一点。「自分で栽培した米を食べたい!!」

全てを計算し、採算に合わないものはやらない。そのような日本社会の中で育った私にとって、この経験はパプアニューギニア人を理解する上で貴重な経験となった。

焼畑農業と野生動物

スピードボートで海からポミオの山々をよく観察して見ると、緑の濃い部分と淡い部分に分けられていることに気がつく。焼畑の跡である。緑の濃い部分は焼畑が行われていない部分であり、木々が高く聳え立っている。逆に緑が淡い部分は焼畑が行われている部分であり、低木が所々に生えている。私は山全体を焼畑で駄目にしてしまわないよう、村人がそれぞれ知恵を出して山々を管理しているからだと思っていた。

「どうして緑の濃い場所を焼畑として使わないのか?」とボートの中で農民に聞いてみた。すると意外な返事であった。「緑の濃い部分の土壌は大きな石が多くて畑にできないから、そのままにしています。」

数百年焼畑をしている地方であるが、今でもノブタや、大型で白、緑と赤、青と赤など色彩豊かなオウム、ヒクイドリがたくさんいて、農作物を荒らしている。そのため農民は畑の周囲に柵をしっかり作り作物を守っている。一方、人間の環境への配慮は、強い意識を持ってやらない限りそれほど深く効果的にできない。大きな石が多いという自然の采配のお陰で、山々の緑が守られていることを知り、創造主に感謝を捧げた。

東ニューブリテン州最南端の村、ウヴォル村

二〇〇九年一一月、ポミオのウヴォルから招待を受けた。「ふたりの農民リーダーが稲作組合を作って米作りを始めたから、ぜひ見に来てほしい。今後は稲作だけでなく養鶏や養豚、淡水魚養殖もやりたい」というものであった。その申し出を受け、オイスカのスタッフ五人で出かけた。この地区は、二〇〇九年のはじめに地元の要請を受けて、オイスカのポミオ担当稲作普及員イシドロ・ナンダ君が未開のやぶの中、何回も野宿をしながら村々をめぐって歩き、現地の稲作リーダーたち、二四人の農民組合の長であるマテウ・ケルケル氏（三九歳）や五四人の農民組合の長であるジョー・トントン氏と協力をして、その普及に努めた地域である。

すでに数回、稲を収穫しており、各農家にはモミの状態で数袋が大切に保存されていた。昼食には、現地で穫れた美味しい新米をご馳走になった。農場は病気もなくとても立派に育っている稲がある一方、土壌養分の不足や栽培法の未熟さゆえ（深植え、一株に二〇苗も植えつけている、苗を日陰で育てている等々）、生育が劣る圃場も見られた。

盛大な歓迎式の中、ポミオ・メルコイ地域政府のプレジデントと行政長官がそれぞれの挨拶。

「ポミオ・メルコイ地区は水源も豊富、土壌も豊か、その上人口も少ない。しかし米作りのた

めには広大な土地がある。現在は交通も不便だし政府のサービスも来ていない地域であるが、近い将来必ずこの地域が米の一大産地になって、東ニューブリテン州の人びとを養うようになる。どうかあきらめないで、米を作り続けてほしい。ポミオ・メルコイ地域政府はオイスカと協約書を結んで皆さんの米作りを支援する」と。

こうした地域リーダーのメッセージに、私も大いに励まされた。

自家栽培米

店で買った米でお腹を満たしたいと考えていた農民が、自分で食べる米は自分で栽培しようと考えが変わった背景には、ひとつ大きな出来事があった。二〇〇六年に東ニューブリテン州のケラバットにあるカカオ試験農場でカカオの豆を食い荒らすカカオシンクイ虫（ＣＰＢ）が初めて発見された。この被害に会うと、チョコレートの原料になるカカオ豆がまったく製品にならなくなってしまうのである。この被害が徐々に広がり、二〇〇九年に入ると急速にその被害が拡大した。カカオの収入に頼っていた多くの農民は子供の学費を納めることが難しくなり頭を抱えた。ココポの町の多くのスーパーマーケットの収入も激減し、解雇が行われた。

この経験を通して、農民自らひとつの真理を学んだ。「カカオ豆は食べられない」である。人間にとってまず必要なことは、よりよい換金作物を探すことではなく、食べられる作物を栽培することである。「それならカカオで得た収入で買っていた米を自分で作ろう！」

オイスカで精米をしたわずか六キロの白米を手にした地域の農民であるが、彼のうれしそうな表情と熱心な話しぶりから、農民の誇りと喜びを深く感じ取ることができた。

今、農民だけでなく、学校、刑務所、カカオやココナッツのプランテーションでも米作りが始まっている。そして遠くハイランド（高地）でも、茶のプランテーションの一部を米作りに変えている地域も出てきた。

●おわりに

現在は限られた数種類の稲の品種（フィリピン種と台湾種、そしてパプアニューギニアで交配された品種）しか栽培されていないが、近い将来、米がパプアニューギニア人の食卓に普通に上がるようになった暁には、より美味しい米を食したいという願いが現地の人に起こってくるだろう。しかし今は、「米を食べたい！　お腹いっぱい食べたい！」という願いを持った農民が自分たちの意思を持って土壌を守り、森林を保全しながら実践する、持続可能な有機定置稲作が定着することを願っている。

将来はパプアニューギニアが世界の食糧難に貢献できる国家となる。二〇余年オイスカが現地で培ってきた稲作技術を現地農民のため、世界のために生かされる時が来たように思う。そういうビジョンを持って、今後とも現地の青年と農民を育て、政府指導者と協力をして米作りに励んで行きたい。

第4章　パプアニューギニア人の社会に溶け込む

上岡　秀雄

パプアニューギニアの現地旅行会社ＰＮＧジャパンのポートモレスビー支店長（PNG JAPAN LTD代表）として、パプアニューギニアに暮らす。

●パプアニューギニアにハマった瞬間

一九九五年の四月に青年海外協力隊員としてパプアニューギニアに降り立った。古ぼけた扇風機がカタカタと廻るだけの国際空港、猛烈な日差しと肌に絡みつく湿気、原色のブーゲンビリアが咲き誇る街並み、肌の黒い人たち、ピックアップトラックの荷台に乗せられて移動中、突如降りかかるスコール。

「ああ、とんでもない所にやってきたんだなー」という実感が湧いてきた。そして送り込まれたマウントハーゲンの山の中のロッジでの語学訓練。太古から部族抗争を繰り返してきたパプアニューギニアの中でも最も好戦的な「ニューギニア高地人」は見るからに険しい顔つき。この先どうなるんだろう……。

ところがピジン語を教わってコミュニケーションを取るうちに、こわそうな彼らが、じつは非常に優しい人たちでもある事がわかってきた。次第に家族の一員のようになり、三週間の語学訓練が終了して山を降りる時には、僕たちのために、ロッジの従業員たちは泣き叫んで別れを惜しんでくれた。たった三週間の訪問者のために。

喜怒哀楽を隠さない素直な感情表現に感動し、涙が止まらなかった。思い起こせば、これは私がパプアニューギニアに「ハマって」しまった最初の瞬間かもしれない。

パプアニューギニアは日本と同じアジア太平洋に位置しながら、アフリカの奥地とまちがわれる事も多く、日本人にとっては「近くて遠い国」である。文化や風習が異なる国で、肌の色のちがいもあり、日本人には取っつきにくいイメージが強いが、歴史や文化、風習をよく見ていくと意外に日本との共通点や縁がある事に気づく。

●文明発祥の地になりそこねた古代の「先進国家」

パプアニューギニアのハイランド（高地）はメソポタミア文明、インダス文明などと並び、世界で最初に高度な農耕文化が発生した場所である。狩猟や採集から発展した農耕文化の発生を「文明」と呼ぶなら、パプアニューギニアも世界で最古の文明の一つと言える。一万年前から七〇〇〇年前には灌漑設備を持った農業が行われていた事が、マウントハーゲン郊外の「クク（Kuk）古代農耕遺跡」（二〇〇八年にユネスコ世界遺産として認定）で明らかになっている。しかし、ここでは他の「文明発祥地」のように富の集積が起こらず、部族を束ねる王も出現しなかった。

そして三六〇〇年前頃には、高度な文明をもった「ラピタ人」が突如この地域に現れる。人類史上、初めて遠洋航海を実践してバヌアツ、ニューカレドニア、フィジー、ハワイなど南太平洋一帯に移住、黒曜石の石器や「ラピタ土器」として知られる独特の土器文化、言語などを南太平洋一帯に広めて、突如消えた謎の民族。ラピタ人のルーツは現在のパプアニューギニアのビスマルク諸島と言われている。

ラピタ土器は縄文土器と共通の模様を持ち、研究者の間では、ラピタ人と縄文人が同根だ、という説もある。そういう意味で、日本とパプアニューギニアはラピタ人を通じて古代から縁があった、とも言える。

世界に先駆けて高度な農耕文化を編み出し、南太平洋一帯に文化の種をばらまいた民族の起源であったパプアニューギニア。しかし、その後数千年の間、パプアニューギニアは鎖国したかのように国際社会から隔絶し、部族単位での社会生活を営む。

一九世紀後半になってようやく欧米列強の傘下に入る事になり、「文明開化」の時を迎えた時には、「世界で最も文明水準の遅れた国」のレッテルを貼られる事になるのは、皮肉としか言いようがない。

ココポの戦争博物館（東ブリテン州歴史・文化博物館）に展示されているゼロ戦（零式艦上戦闘機）

●日本人が忘れてはならない戦争の傷跡

私は、昭和四〇年代の高度成長期に生まれた「戦争を知らない世代」の典型として、戦争の悲惨さは「昔話」としてとらえ、直剣に考えるのを避けてきたように思う。しかし、パプアニューギニアではまったく話が異なる。ラバウル、マダン、ウェワクなど主要基地のあった場所では飛行機の残骸、高射砲、半分沈みかかった船がそのまま横たわっている。そしてジャングルを歩けば未だに鉄兜、弾薬に出くわす事も稀ではない。

太平洋戦争が始まって間もない昭和一七年（一九四二年）一月二三日、旧日本軍はラバウルを占領、昭和二〇年（一九四五年）の降伏までの間、各地で激闘が繰り広げられ、一五万人以上の将兵がこの地で亡くなられた。

青年海外協力隊員として赴任して間もないころ、配属先の上司に連れられてニューアイルランド島に出張に行った。州都カビエンから二〇〇キロ以上離れた村で、日本人が来たと聞くと、七〇歳を優に超えたと思われる長老が出てきて、戦後五〇年間使う事がなかったという日本語で話しかけてきた。そして、「海ゆかば」をはじめとする日本の歌を数曲フルコーラスで歌い、「白人は僕たちを奴隷として扱ったが、日本人の兵隊は僕たちを友だちとして扱ってくれ、優しかった」と、当時を懐かしんだ。

突如土足で踏み込んできて、連合軍との戦いを通じて国土を荒らした日本人に対し、パプアニューギニアの人びとは驚くほど好意的だ。中には日本が勝っていた方がよかった、と言われる事もあり、戦後民主主義教育で育った日本人としてはギョッとさせられるが、その理由がおもしろい。

「戦争で日本が勝っていた方がよかった。オーストラリアはパプアニューギニアを植民地として搾取する以外に発展させる事をしなかった。もし日本が勝っていたら、今頃はここにも新幹線が走り、トヨタ、ソニーやニッサンの工場ができているはずだ。」

途中の論理の飛躍――「日本が勝っていたら↓新幹線云々」――には思わず笑ってしまったが、旧宗主国に対する複雑な感情は考えさせられるものがある。多くのパプアニューギニア人にとってオーストラリアは憧れの旅行地であり（日本人にとってハワイがそうであったような、絶対的な憧れの地）、オーストラリア人はマスター（ご主人様）であると同時に、その植民地政策を知りえる立場にある知識層にとっては憎悪すべき存在でもある。

パプアニューギニア建国の父、マイケル・ソマレ首相は親日家で知られるが、そのルーツは第二次世界大戦まで遡る。ウェソク郊外のカウプという村に駐屯する事になった柴田幸雄中尉（キャプテン・シバタ）が、現地の子供たちのために始めた学校（通称シバタ・スクール）に参加したのが、当時八歳のマイケル・ソマレ少年であった。ここでソマレ少年は初めて学校というものに触れ、そこでニューギニアは白人支配から独立すべきだ、というキャプテン・シバタの教えを受けた。ソマレ少年はこの教えを胸に、中学校教員を経て、独立を指導する立場となって行く。そして一九七五年、オーストラリアからの独立を達成した際に初代首相となった。

キャプテン・シバタの恩を忘れた事のなかったソマレ首相は、パプアニューギニアの日本大使館を通じて、戦後生還されていた柴田氏の消息を探し当て、一九八五年、四〇年ぶりに感激の再会を果たしている。

私は、仕事を通じて、多くの戦友、遺族の方がたとお会いする事ができ、また遺骨収集にも参加させていただいた。その中で、戦後六〇年を経た今も、関係者の方がたの心の中で戦争は終わっていないのだ、と実感させられた。戦後世代で、遺族でもない私に本当の意味での戦争の苦しみはわからないし、戦争を語る資格もない。ただ一つ言える事は、私たちは戦争の悲惨さと平和の大切さを次の世代に伝えて行かなければいけない、という事。

これはパプアニューギニアに携わる日本人としての使命だと感ずる。

私と妻、エミリーの結婚式にて

●パプアニューギニア人女性との結婚

そんなパプアニューギニアで、パプアニューギニア人女性と結婚することになってしまった。ただ前述のように、肌の色や言葉、生まれ育った場所はちがえども、人間として共有する感情にちがいはない、ということを、パプアニューギニアに到着してすぐに体験してしまった私にとっては、国際結婚という感覚はなく、ごく自然な選択だったように思う。

一九九八年三月、彼女の出身校でもあるポートモレスビー教員カレッジのホールでの結婚式の際には、青年海外協力隊の大先輩であり、同じくパプアニューギニアで結婚されたJICA専門家の大野政義氏に司会をお願いし、同じくJICA専門家の伊藤明徳氏一家にはリズミカルなマヌス・ダンスを披露していただいた。日本人コミュニティーからはお寿司などの日本食が、パプアニューギニア側からは熱した石で蒸し焼きにしたムームー料理や豚の丸焼きなど、郷土色豊かな食事が持ち寄られて、日本・パプアニューギニア文化祭ともいうべきすばらしいイベントになった。

●文化・風習のちがい

ワントク

パプアニューギニア社会を見るにあたって、最も特筆的なキーワードは「ワントク」システムである。語源は同一言語（ワントク）を話すグループの事で、特に部族抗争の多かったニューギニア高地では、同じ言葉を話す人間同士が結束して敵対部族に対抗する事が重要であった。またワントクは広義には仲間、友だちを指す。

ワントク・システムのよい点は、原始共産制をも彷彿させる相互扶助である。日本人が遠い昔になくしてしまった助け合いの精神がここにはまだある。誰かが病気になって病院での治療が必要になった場合、ワントクが少しずつお金を持ち寄って治療費を捻出する。結婚の際の結納金が足らなければ、ワントクにお願いして集める事が可能だ。だからここでは失業して飢え死にする、という事がない。ワントク・システムは、ニューギニア伝統社会のセーフティネットと言えるだろう。

しかし、このワントク・システムが多くの人にとって心理的、経済的な負担になっている事も確かだ。ワントクの依頼を断る事は部族社会からの離反を意味する。そういった義務感に乗じて、裕福なワントクから金をせびったり、住居に居候をしたりする人間が多くいる。以前雇っていたスタッフは、ポートモレスビーに2DKのアパートを借りていたが、そこには故郷の田舎から出てきたワントクが二〇名ほど居候し、足の踏み場もない、と嘆いていた。

オーバーブックしている飛行機でも、チェックインカウンターにワントクを見つければ、席を確保できる。銀行で長蛇の列に並んでいても、なぜかスイスイと抜けて行く人がいる。外国人でも長らく住んでいるとワントク扱いされるらしく、私も、こういった恩恵を受ける事がある。席を落とされる人に申し訳ない、と心の片隅で思いつつも、ワントクを見つけると「ラッキー！」と思って無理やり頼みこむのは現地人化している証だろうか？

一夫多妻制？

パプアニューギニアで結婚しています、と言うと、「一夫多妻制でよいですねー」と言われることがある。たしかに、ニューギニア高地には実際に七名、八名の奥さんを持つ人もいる。かつての総督（元首である英国女王の名代）は五名の奥さんを持っていたが、総督になる際にはさすがにまずいだろう、という事で四名を「除名」、六年の任期が終わってから復縁した。

ただこの風習は部族によってまったく異なり、私の妻の出身地であるモロベ州ガライナは厳格な一夫一妻制である。数年前、妻を日本人訪問者に紹介したら、「何人目の奥さんですか？」と言われたことがある。本人は冗談のつもりだったのだが、私は未だに妻から「どういう事？」と責められている。感情を素直に出す国民性、喜怒哀楽が激しい、という事は、「怒」も激しいという事だ。「一夫多妻でよいですねー」と言う人には、「一人でも大変なのに、何人も持つ人の気が知れない」と返事する事にしている。

●家庭生活

我が家の言語はマルチリンガル（多言語）である。英語、ピジン語、日本語、妻の村の言葉が入り乱れる。英語で始まった会話がピジン語に変わり、日本語での応酬となり、村の言葉で締めくくられる、そういった事が普通に行われている。なお、七〇〇以上の言語を持つパプアニューギニアでは、多種多様な言語環境の中で暮らす事は当たり前である。

伝統的な主食は芋で、パプアニューギニアは大きくサツマイモ文化圏、タロイモ文化圏、ヤム芋文化圏に大別される。その他カボチャ、タピオカ（キャッサバ芋）などの根菜に、料理用バナナ、カウカウ（サツマイモ）、サクサク（サゴヤシ澱粉《でんぷん》を使った保存食）、アイビカ（ホウレンソウのような青菜）などの食材をココナッツ・ミルクで甘く煮て食べるのがニューギニア風料理だ。肉としては鶏肉が主で、海岸沿いでは魚を加える事もある。豚は家畜として飼育されることが多いが、ニューギニア高地では冠婚葬祭の時の贈り物や部族抗争を終結させるための補償品として、社会的な価値が高く、日常的に食べるというよりも、特別な日の食べ物である。

パプアニューギニア人の味覚感覚を表すのに最もわかりやすいのがピジン語で「美味しい」を意味する「スウィート」である。つまり、甘い＝美味しい。汗をかきながら辛いカレーを食べて、「美味しい」、あるいは酸っぱさや苦みを楽しむ、という日本人の感覚はここでは通用しない。

●子供の教育

パプアニューギニアの教育システムは教育改革を経て、初等教育八年、中等教育四年制となっている。その中で「振い落し」とも言える全国統一試験が八年生と一二年生で行われ、試験成績のよい生徒のみが高等教育に進学できる。五歳から一九歳までの国民のうち、わずか三六％が学校に通い、中学校に進学できる生徒は二〇％、大学に進学できるのは一％という数値が、そのピラミッド型のエリート養成教育システムをよく表している。

教材も碌にない、先生も足りない、地方によっては学校まで片道三時間歩かなければいけない場所もある。それでも、そんな中からハングリー精神満載の恐ろしく優秀な子が出てきたりする。一方で、学校に行きたくてもお金がないために行けないという生徒も多くいる。

学校に行くためには親はお金を払わなくてはならないので、子だくさんのパプアニューギニアでは、子供全員に教育を受けさせることが不可能なため、できのよい子を学校に行かせるために他の子を犠牲にする（学校に行かせずに畑仕事などに従事させて学費を捻出する）、といったことも行われる。私の元同僚はパプアニューギニア大学卒業であるが、四七人兄弟（！）のうち、大学まで進学できたのは彼だけである。多くの兄弟は彼の学費を払うために学校をあきらめたのである。そんな犠牲の上に最高学府に学び、政府の高官となった彼は、学校に行けなかった兄弟の生活を助ける義務があり、そういう形で相互扶助が行われている。

我が家の子供たちはインターナショナルスクールに通わせている。インターナショナル・エデュ

インターナショナルスクール

ケイション・エイジェンシー（International Education Agency, IEA）という組織が運営する私学で、オーストラリアの教育カリキュラムを元にしている。ＩＥＡはポートモレスビーに小学校三校とハイスクール一校を持つ他、パプアニューギニア各地の主要都市にも学校を持つ。

前述の公立学校と異なり、親が金さえ払えば一二年生までエスカレート式で進学できる私学だ。高い学費を払うだけあって設備面ではすばらしいが、競争を勝ち抜くために勉学に励む、という校風ではない。親としては複雑な心境だ。「公立でもまれた方がよいのではないか？」と思うこともある。

ただ一つすばらしいと思えるのは、子供のころから、多国籍の生徒たちと交わる中で国際感覚を自然に身につけられる事だろう。我が家の子供たちのクラスには、パプアニューギニアをはじめ、オーストラリア、ニュージーランド、ブルガリア、アメリカ、インド、ポーランド、インドネシア、スリランカ、フィリピン、中国、フィジーなど、アジア太平洋を中心とした世界各国からの生徒が学んでいる。肌の色、言葉、文化や食事など、それぞれがちがう事を前提として、お互いを尊重しあう意識を自然と持てるのは、子供たちの大きな財産となるだろう。

教育への投資はいかなる国の将来にとっても、とても重要だ。パプアニューギニアも、国家ができて三〇年以上が経った今、そろそろ、エリートだけではなく、いかに多くの子供に一定レベルの教育を受けさせて、安定した労働力を供給するか、ということを真剣に考える時期に来ている。全国平均の識字率五四・六％（二〇〇〇年の国勢調査による）は抜本的に改善しなければいけないだろう。

●異国人として生きる術——自己主張と愛嬌

パプアニューギニアではホテルやレストラン、銀行などで遅いサービスにイライラすることが多々ある。あくせく働かなくとも明日の糧に困らない豊かな国——放っておいてもココナッツやバナナが生り、釣り糸を垂れれば一家に余るほどの魚が取れる——そんな環境で育った人に、一分一秒を争うサービスを求めるのは酷かもしれない。しかし、払った対価に相応のサービスは受けたい。

そんな時、「謙虚が美徳」と日本式で黙っていると、満足している、と勘違いされ、放っておかれる事請け合いである。

業界団体の会合などでも、「どう思いますか？」とわざわざ聞いてくれることはないので、発言のチャンスを待っていると、そのまま会合が終わってしまう。

パプアニューギニアで異国人として生きていく術の一つとして、自己主張を「ガンガン」とする必要がある。この「ガンガン」という気合が大事で、万事控えめをよしとする日本人としては、無理するくらいに主張してちょうどよい。

会議の席では、意見があれば聞かれずとも立ち上がり、周りを制してでも自己主張をする。相手もお構いなく自己主張するので、出しゃばりすぎる、ということがない。レストランなど公共の場で不満があれば、これもおもむろに立ち上がって大声で不満をぶちまける。この客はうるさい、と嫌な顔をされるくらいになれば上出来である。

そして、そこに愛嬌と相手を思いやる心が加われば完璧だ。強面《こわもて》だけでは表面上は従っても、誰も心からついてこない。私も、時に笑いを通じてコミュニケーションを取る事を心がけており、また相手を思いやる小さなジェスチャーや言葉で現地人との距離がグッと近くなる事を感じる。私がパプアニューギニアに来て感じた事――肌の色や言葉はちがっても、同じ人間なのだという事――が相手にもわかってもらえれば、この国での生活・仕事は驚くほどスムーズに行く。

自己主張と愛嬌、会社の経営者としては前者に重点を、パプアニューギニア人の家族の一員としては後者に重点を置きつつ、バランスを取りながらこの国で異国人として暮らしている。

●未来へ向かって——近くて近い国へ

太古の昔に縄文土器を通じてつながっていた日本とパプアニューギニア。第二次世界大戦では平和な国土に土足で踏み込んで戦場とし、迷惑を掛けた日本人に対し、驚くほど寛容な人びと。

そして、今、家族の絆が育ってきている。日本人とパプアニューギニア人との結婚は非常に限られているが、大先輩にはニューウェワクホテルの支配人の川畑さん、青年海外協力隊のOBでは前述の大野さんや伊藤さんを含め、数名が挙げられる。日本在住ではこれも大先輩のサイモン・バハウさん一家など数家族が居る。

そういった家族で、新たな世代を担う日パの混血二世が育っている。七オクターブの歌声を持つ、と言われる若手R&Bシンガーのエミ・マリアは、日本人の母親とパプアニューギニア人の父親を持つハーフで、彼女のファン層を通じて、パプアニューギニアという名前は意外な形で身近なものになっていくかもしれない（公式サイト http://www.emimaria.com/）。

日本から近くて遠い国、パプアニューギニア。すばらしい自然や文化が残る熱帯の国。人間と自然が協調しあいながら生きている地上最後の楽園。感情の赴くままに怒り、悲しみ、喜び、楽しむ素朴な人びと。日本人が遠い昔になくしてしまった助け合いの精神が息づく場所。

より多くの日本の方に、そんなパプアニューギニアのすばらしさを知ってもらいたいと思う。いつの日か、「近くて近い国」になることを祈って。

II　豊かな自然と天然資源

第5章　知られざる最後の秘境

山辺　登

二〇〇〇年に、パプアニューギニアにおける日本の現地旅行会社ＰＮＧジャパンを設立。

●日本から六・五時間の秘境
近くても遠い国

パプアニューギニアの首都ポートモレスビーは、日本からほぼ真南に五〇〇〇キロメートル、飛行機で約六時間半のところにある。例えばこのくらいの距離または時間で行けるビーチリゾート地を挙げてみると、フィリピンのセブ島（三二〇〇キロで約五時間）、タイのプーケット島（四九〇〇キロ、直行便で七時間半）、インドネシアのバリ島（六〇〇〇キロ、約七時間）、ハワイ諸島（六五〇〇キロで六時間半から七時間強）などがある。そう見れば、パプアニューギニアは日本から十分近い国といえるだろう。過去に何度となく日本各地からチャーター便が運航され、二〇〇二年四月には念願の成田―ポートモレスビー間ノンストップ定期便が週一便で就航を始め、七年を経た二〇〇九年の日本からこの国への渡航者数は年間約五〇〇〇人と、まずまずのように見える。しかし、この近さならもっと日本人観光客が訪れていても不思議ではないとも思う。

一方、定期便就航以来、日本人来訪者数が伸び悩んでいることも事実で、その要因として観光インフラが十分整備されていないこと、治安や衛生面に不安を感じるといったことがよく言われている。治安や衛生にかんしては他の発展途上国の観光地を見渡しても、特筆するほど悪いということはないと私は感じている。多分、情報不足が不安を大きくしているのではないだろうか。一方の観光インフラはたしかに指摘の通りで、外国人が泊まれるホテルの数も限られていて、観光客を乗せる車やガイド、レストラン、土産物店は本当に少ない。また観光ツアーなどを催行する観光業者にいたっては、他国でみられるようなインバウンドツアーオペレーター（海外から来る旅行客を案内する現地旅行会社）はほとんどなかった。

そこで私はポートモレスビーに現地法人を設立して、日本人を常駐させ事務所兼ギフトショップを構えて、パプアニューギニア各地のホテルや観光の手配業務を開始し、ポートモレスビー国際空港への出迎えや市内観光ツアーも始めた。さらに後には、高原の町ゴロカにも同様の日本人常駐支店を開設した。

さて、このパプアニューギニアについて日本人に尋ねると、なぜか「そんな遠い国のことは知らない」と多くの人が答える。旅行業界の人ですらそうであることが多い。たまにテレビ番組や書籍・

雑誌で、この国が地球の果てのような秘境として紹介されることがその一因かもしれない。そんな番組や本を見た人は、ここは南米あるいはアフリカの奥地か、絶海の孤島かといった印象をもってしまうのかもしれない。それでも最近は少しずつだが、正しく認知され始めてきているように感じる。まずは「日本からわずか六・五時間の身近な南太平洋の国」として、より多くの日本人に知ってもらいたいと願っている。

驚愕の水中世界

私がパプアニューギニアの海に出会うきっかけとなったのは、一九九九年春、ニューギニア航空日本支社長の島田謙三氏との再会に端を発する。「パプアニューギニアのダイビングはすばらしいと聞いているのだけれど、チャーター便を再開したところ以前よりもダイビングのお客が集まらない、興味があれば一度見てみないか」とお話をいただいた。旅行とダイビング業界に携わってきた私は興味を抱き、同年八月お盆の便で一週間ほど渡航することにした。

さてちょうどその頃、日本のダイビング愛好家の間で話題になっていた生物の中に「ピグミーシーホース」と呼ばれる小指の先ほどの小さなタツノオトシゴの仲間がいた。当時、雑誌などで話題にのぼっており、しかし写真がほとんどなかったため「幻のピグミーシーホース」などと呼ばれていた。ところが首都ポートモレスビーの海に潜ってみると、いとも簡単にこの「幻のピグミーシーホース」を見せられ、あっけにとられると同時に驚愕し、この海は他の場所にない魅力を十分に備えているのではないだろうかと大きな希望を抱くようになった。

●さらなる海の魅力を求めて
サンゴ豊かな海へ

ポートモレスビーの海でピグミーシーホースに出会ってから、私のダイビング行脚が始まった。これには毎回、島田支社長に本当に温かいご協力をいただいた。ラバウル、マダン、キンベ湾、カビエンと水中視察を重ねてゆくと、大きな期待は現実のものとなっていった。

その海の最大の魅力はすばらしいサンゴである。地球上で最も多種のサンゴが群生する地域は、ソロモン諸島の西部からパプアニューギニア、インドネシア、フィリピンの島々にかけての海域であるといわれている。その中でもパプアニューギニアは人口密度が低いので生活排水も少なく、工業もほとんどないので工場廃液なども流れこまず、漁業方式も底引きやダイナマイト漁など海に大きなダメージを与えるようなものもほとんどない。さらに半年ごとに変わる貿易風（南東風）とモンスーン（北西風）二つの季節風がおこす定期的なうねりと潮流で、この海域の水をきれいに保ち水温上昇を抑えているために、沖縄などではサンゴが危機的状況と叫ばれているが、ここでは大規模なサンゴの白化はほとんど見られない。このようにしてパプアニューギニアの海はとても健康な状態が維持され、どこも生き生きとしたサンゴ群が生い茂っている。その中でも私が特筆したい場所が二つある。

一つはニューブリテン島キンベ湾である。ここのサンゴ群は特に種類が多いことが学術調査で

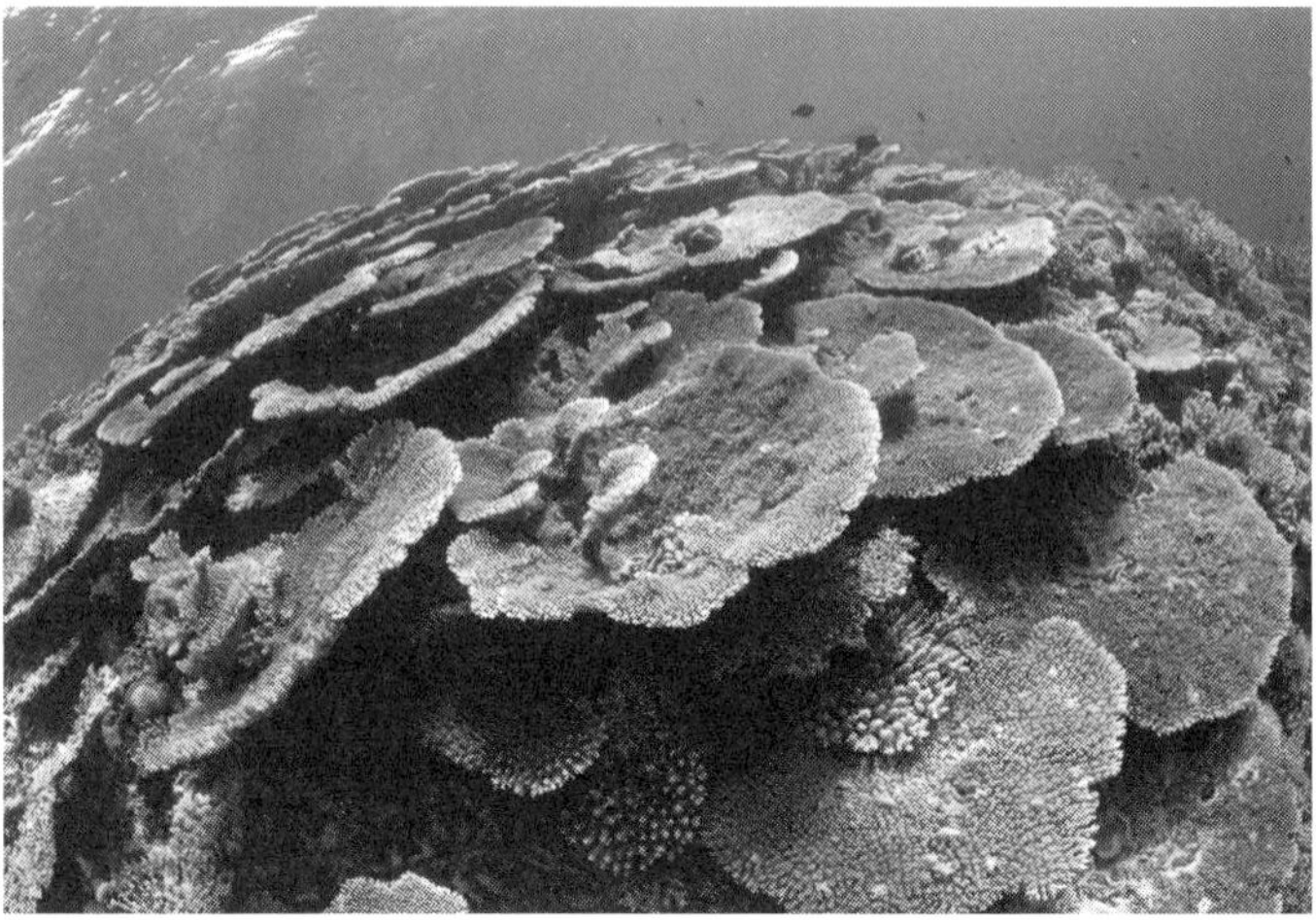
折り重なるように群生するキンベ湾のテーブルサンゴ（©鎌田多津丸）

明らかになっており、米国に本部をおいて世界各地で活躍する自然保護団体ネイチャー・コンサバンシー（The Nature Conservancy）がこのキンベ湾の環境保護運動を展開している。この湾を実際に潜ってみると、サンゴの種類だけでなくサイズも大きく、量も多いことに驚く。テーブルサンゴは幾重にも重なるように群生し、また超大型になって自らの重みで傾いてしまったりしている。一方、ソフトコーラル群も数人のダイバーがすっぽりと隠れてしまうほど巨大に育ったウミウチワが大屏風のように横たわっていたり、密集した草むらのようにヤギ類が群生するなど、原始の海はこんな風ではなかったかと思わせるようなダイナミックな水中景観が広がっている。

他方、若々しさをいつまでも保っているサンゴの大群生が、ニューギニア島最東端の町アロタウに面するミルンベイ（ミルン湾）の中ほど、サリバンズパッチというサンゴ礁にある。ここのサンゴの群生範囲はまことに広大で、キンベ湾のサンゴ群とはちがっていつも若々しい。さまざまなダメージを受け続けながらも、その都度リカバリーを繰り返しているのではないかと思う。

このミルンベイは、パプアニューギニアの中でも特に生物相が広いと言われており、米国の世界的な女性海洋生物学者で天皇陛下とも交流をもつユージェニー・クラーク博士が、コンビクト・フィッシュ（囚人魚）の珍しい生態を研究したフィールドのひとつとして、NHKが紹介したことがある。また、『ナショナル・ジオグラフィック』でしばしば登場する同じく米国の著名な水中写真家デビッド・デュブレ氏も、このミルンベイの海を称賛している。

話はそれるが、著明な写真家といえば、日本を代表する写真家の中村征夫氏も首都ポートモレスビーの海を訪れ、アヤコショウダイの群れを撮影し発表している。人が寄っても逃げずに群れをなしているアヤコショウダイそれ自体が珍しい光景だが、その魚たちを真正面からとらえた中村氏の作品は、特異な自然の一瞬をユーモラスに写しだしたすばらしい作品だと思う。パプアニューギニアの豊かな海洋環境は、北をビスマルク海、東をソロモン海、そして南をコーラルシー（珊瑚海）に挟まれた海の交差点となっており、かつ赤道にほど近い南緯二度から一二度という南北に広がった国土のため、そこには海洋生物の宝庫と呼ばれるような多種多様な生物が生息するのであろう。

サーフィン

ダイビング以外のマリンレジャーに目を移してみると、サーフィンやフィッシングも、まだ知られざる魅惑のスポットとして徐々に注目を集め始めている。サーフィンでは近年オーストラリアからのサーファーが増え、パプアニューギニア政府観光局も力を入れ始めている。

私も二〇〇一年からサーフィンツアーのプロモーションを行ってきている。当初、世界中の著明なサーフィンスポットの中でパプアニューギニアをどう売り込んでゆくか、という課題について、知人で横浜のサーフショップ「エムズ・サーフ&スポーツ」オーナー、三井究氏に相談したところ、大人のビギナーサーファーが安心して楽しめるスポットとしてフィーチャーすることがよかろうということになった。事実、パプアニューギニアの波は質がよく深さもあり、安全に楽しめるところが多い。そして何といっても、サーファーの数が他国のスポットにくらべて圧倒的に少ないので、波を独り占めする感覚で楽しめる。

早速、視察をしようという話になったが、私はサーファーでもなく、その世界にコネクションもない。そこで三井氏を通じて、日本でレジェンドサーファーとして知られる抱井《かかい》保徳《やすのり》氏に依頼して快諾をいただいた。その模様を取材させてほしいというサーフィン雑誌社も現れ、まだ旅行商品にできるかどうかもわからなかったが、取材も兼ねてニューアイルランド島のカビエンを訪れることになった。

さて現地に着くと、まずサーフスポットへ送迎をしてくれるボートを頼むところから始めたのだが、小さな船外機付ボートでホテル前のビーチに上がってくる地元の人たちに声をかけて、その中のひとりからOKをもらった。が、朝を迎えても一向に現れない、いざ乗り込んでもしばらく走ると故障で止まる、それを修理するのに数時間と、散々な目に遭い、抱井氏には大変申し訳なかった。しかし、そんな状況でも抱井氏は終始温厚で、それも自然の営みと達観するがごとく待ち時間を楽しんでいる様子だった。まことにレジェンドとはそう呼ばれるにふさわしい人格者で、深く感謝するとともに感服した。結果リーフスポットとしても格別の評価をいただき、また現地での段取りもできあがり、帰国後、商品化することができた。

レジェンド抱井保徳氏と地元のサーファー

フィッシング

フィッシングにかんしても情報収集を行ってみると、川やきっ水域に生息するパプアンバスやバラマンディを目当てにオーストラリア方面から釣り客が訪れており、小規模なフィッシングロッジも数箇所あったが、どれもシーズン中は満室だったり、一定人数がそろわないと営業しないなど、どうもそのままでは日本の愛好者にはマッチしそうもない。ならば海釣りにしようと考え、知人の紹介

パパ大津留氏と地元スタッフたち

で八丈島在住の著名なプロアングラー、パパ大津留さんに来ていただくことになった。
第一回はマダン、第二回はカビエン、第三回にはアロタウと、パパ大津留さんには、いずれも乏しい情報と設備、さらに不慣れなスタッフという環境で辛抱強く健闘していただき、その模様を雑誌で紹介した。パパ大津留氏は見た目どおりの大変おおらかな方で、そんな状況でも精力的に取り組んでくださった。そしてどんな結果であっても「これからもっと腰を据えて開発してゆきましょう」と励ましていただいた。
フィッシングもサーフィンもまだまだこれからといった状況だが、真のプロフェッショナルの方がたの温かいご支援をいただき、少しずつだがつぼみが膨らんできているように感じている。これから時間をかけても開花させるよう努力を重ねてゆきたい。

●野生の宝庫

　では、パプアニューギニアの大地の自然に目を向けてみよう。日本の約一・二倍の国土面積をもつこの国には四〇〇〇メートル級の山脈が島の中央部を走っている。最高峰四五〇九メートルのウィルヘルム山は日本を含めて世界中からトレッカーが集う。熱帯ではあるが山頂には稀に雪を見ることもある。またポートモレスビー北部に横たわるオーエンスタンレー山脈は、『銀河鉄道999』などの著者、漫画家の松本零士氏が太平洋戦争を題材にした作品「スタンレーの魔女」の舞台にしている。

　さて、この雄大な大地にはどんな生き物たちが住んでいるのだろうか。国旗にも描かれているアカカザリフウチョウに代表されるゴクラクチョウ（フウチョウ）は世界中で四三種類が確認されているが、そのうちの三八種類がニューギニア島に生息していると言われている。また日本の愛好家に人気のカワセミも二〇種以上が生息している。鳥類全体ではニューギニア島とニューブリテン島、ニューアイルランド島など北部の島々をあわせると七〇〇種以上が生息し、そのうち三九〇種がここにしか生息しない固有種だといわれている。中でもパプアニューギニア国旗に描かれているアカカザリフウチョウは、ポートモレスビーを夜明け前に出発するバリラタ国立公園への野鳥観察ツアーに参加すれば誰でも見ることができるので、ぜひご覧いただきたい。運がよければ美しい羽を広げて雌を誘う「求愛ダンス」を見ることができるだろう。

　またポポンデッタ周辺には、世界一大きな蝶、アレキサンドラ・トリバネアゲハが生息している。

今まで見つかった記録から羽を広げた横幅は最大で三〇センチにもなる。初期に発見されたトリバネアゲハは、あまりの大きさに鳥とまちがわれて散弾銃で撃ち落されたというエピソードも残っているほどだ。その他のトリバネアゲハ属も種類豊富で、メガネトリバネアゲハ、ゴクラクトリバネアゲハ、キマエラトリバネアゲハなど日本の愛好家が好む種が生息している。また昆虫は日本でも繁殖させているパプアキンイロクワガタをはじめカブトムシやクワガタの仲間、ゴライアスナナフシなどが生息している。なお、多くの種類がワシントン条約一類、二類に属しているので、持ち出し禁止または持ち出し許可（CITES）取得の必要があるので注意したい。

一方、鳥以外の動物はオーストラリアと似た種類のものが見られるが、それは太古にオーストラリア大陸とニューギニア島がひとつの陸地であったことで説明されている。代表的な動物はカンガルーと同じ有袋類で、クスクスや木登りカンガルー、ワラビーなどが挙げられる。有袋類は腹部に子供を育てる袋を持つ動物だが、クスクスや木登りカンガルーはニューギニア島の固有種で、コアラとカンガルーの間に位置するような興味深い姿かたちをしている。

またこちらは鳥類だが「飛べない鳥」としてダチョウに次ぐ大きさで、固有種であるヒクイドリ（カソワリ）は、大きなトサカと頭部の鮮やかな青、胸元に赤いアクセントがある全身真っ黒な羽で覆われた鳥で、太い足には鋭い爪をもつ三本の指をもっている。目つきは鋭く小型の恐竜といった印象だ。その他にも、卵を産む哺乳類で、恐竜時代からほとんど進化していない最古の哺乳類といわれるハリモグラも生息している。

植物ではランの原種も多く、四〇〇〇メートル級の山脈もあることから、低地性ランから高地性ランまで一度に楽しむことができる。日本でもおなじみのファレノプシス（胡蝶蘭）、デンドロビューム、バンダ、パフィオペディラムなどは、この国が原産と言われている。毎年東京ドームで開催される「世界らん展」では、二〇〇五年にハイランド（高地）地域原産のデンドロビュームカスバートソニー「ゴールデン・マウンテン」が日本大賞を受賞している。

これら貴重なランを日本人にも楽しんでもらおうと、マウントハーゲンから車で一時間ほどのエンガ州クムル・ロッジでは、横浜市在住のラン愛好家、伊東浩氏らがロッジ周辺にランを着生させ、日本語の名札をつけてラン園とする活動を行っている。なお、これらの動植物の多くはポートモレスビーの国立植物園やレイのレインフォレスト・ハビタットでも見ることができる。

●世界遺産に認定された古代農耕遺跡

二〇〇八年七月、この国初となるユネスコ世界遺産が認定された。それは古代農地跡で西ハイランド州のマウントハーゲンの近くで発掘された遺跡で、日本でも「クク古代農耕遺跡」として二〇〇九年一月に発行された世界遺産検定公式テキストにも紹介された。

この農耕遺跡は海抜一五〇〇メートルの高地に一一六ヘクタールにわたって広がる湿地で、発掘調査の後、再び埋め戻されているので、今では一見ただの原っぱのようだが、オーストラリア・フリンダース大学の発掘調査では、溝の跡や木製の農器具が出土しているとのことだ。現在のパプアニューギニアにはこんな大規模な農地は存在しないことから、古代へのロマンが広がる。

この広大な古代農地跡は、今から一万年から七〇〇〇年ほど前までに耕作され、バナナやタロイモが栽培されており、人類が農耕を始めた極めて初期の時代ということで、農耕文化史上大変貴重な遺跡だそうだ。世界遺産は観光資源として大変重要なものでもあるので、可能なことであれば青森の三内丸山遺跡のように、一部を再度発掘し、その上を屋根で覆うなどして保護した状態で観光見学してもらい、加えてこの地域で伝統農耕を続けている人びとの暮らしも見学してもらえれば、なかなか魅力的な観光スポットになると確信している。

●パプアニューギニアに暮らす人びとと文化

少数民族の宝庫

パプアニューギニアに通い始めて一〇年ほどになる。その間、隣国のソロモン諸島やフィジー諸島、クック諸島、トンガ王国、キリバス共和国など太平洋の島嶼国を訪れる機会にも恵まれたが、それらの国とくらべていつも感じることは、パプアニューギニアは人も自然も濃いということだ。「人が濃い」とは、民族色や宗教色が濃いという意味である。

パプアニューギニアは七〇〇以上の少数民族からなる国といわれるが、たしかに肌の色の濃さや特徴はさまざまだと感じる。沿岸部は他の島国でも見かけるような人たちが多く、「我々の祖先はバヌアツからきた」などと言い伝えられている村もある。またポートモレスビー周辺に住むモツ族の人びとは、どことなくインド人のような顔が多いと感じる。一方、山岳地帯に入ると背丈はあまり高くない、鼻が大きめの人を多く見かけるなど、地域によってさまざまなタイプの人びとが暮らしていることを認識できる。

中でもブーゲンビル島の人はアフリカの黒人並みに肌が黒い。暗闇で見ると眼と歯だけが輝いているくらいだ。余談だが、ブーゲンビル島も植物のブーゲンビリアもフランスの探検家ブーガンヴィルに由来する。また、ここは太平洋戦争時に旧日本帝国海軍連合艦隊司令長官、山本五十六元帥の飛行機が墜落した島で、今もその機体は墜落した場所に横たわっている。

そのような多種多様な人種と、もうひとつ「濃い」ものが宗教色である。太平洋の多くの島々では精霊信仰が盛んであったが、当時の西洋列強諸国がこれらの島々を植民地化する中でキリスト教が布教されていった。そして人びとは精霊信仰から徐々に離れてキリスト教を信仰するようになっていった。まだ民族舞踏や生活習慣の一部に精霊信仰の片鱗を垣間見ることができるが、太平洋の多くの島国で民族舞踏と呼ばれるものは、すでにキリスト教の影響を受けた太平洋版ゴスペルのようなものが多い。これらは女性は胸を隠し、ナイロンなどを多用したコスチュームをつけて、美しいメロディーとハーモニーの歌で踊る。

そんな中にあってパプアニューギニアだけは、先祖から伝わる天然素材の衣装を身にまとい、単調な曲で踊ることが多い。ゴクラクチョウなどの羽飾りをかぶり、ブタや犬などの牙、海辺なら貝殻でつくったネックレスを首にかけ、泥や木の実などでつくった顔料でフェイス、ときに全身ペインティングを施し、そして木の葉などで編んだ腰蓑をつけ総天然素材のコスチュームで踊り歌う。女性は老いも若きも胸を隠すことはない。

クンドゥーというトカゲなどの皮を張った手持ちの太鼓が打ち鳴らす単調だが力強いビートで、シンプルなメロディーを繰り返し歌う。ニューギニア島はミドルテンポが多いが、ニューブリテン島やニューアイルランド島、マヌス島など北部の島々では、軽快なアップテンポが多い。また山岳地帯やセピック川流域などでは竹でつくった数音しか発しない大小のバンブーフルートでアンサンブルすることもある。その歌詞は歌っている人でも意味がわからない場合もあると聞いた。

パプアニューギニアでは、歌も踊りも衣装も昔ながらだろうと素直に感じることができるのだ。私が知る限りこんな国はない。そして先述のとおり、この国には習慣や言葉が異なる七〇〇以上の少数民族が住んでいる。従ってその数だけちがった歌や踊りがあると思ってよい。ものすごい数のバリエーション、まさに民族の宝庫ともいえるだろう。

シンシンと民族の祭典

そんなさまざまな民族が一同に会する「民族の祭典」が年に一度各地で開催されている。主だったものは、ハイランド（高地）のマウントハーゲンで開催されるマウントハーゲンショー、ゴロカのゴロカショー、首都ポートモレスビーで独立記念日にからめて開催されるヒリモアレ・フェスティバル、ニューブリテン島ラバウルのマスクフェスティバルである。

そもそもこの催しはニューギニア島のハイランド（高地）で始まったという。その昔、この地

ゴロカショーから（©パプアニューギニア政府観光局）

域の部族は闘争的で領地などをめぐってしばしば争っていたが、植民政策をしていた当時のヨーロッパ人がそれでは労働させるのに具合が悪かったのだろうか、仲直りをさせようとして周辺の部族を集めて親睦会を催し、その際に和睦の証として各部族がそれぞれ民族舞踏を披露しあったものだという。

この国では民族舞踏を総称してシンシン（Sing Sing）と呼び、この民族の祭典はシンシンショー（Sing Sing Show）と呼ばれている。当時、植民者がそう呼んでいたのかもしれない。平和になった今では、出演者たちはお祭り気分でみな会場に集まってきて、二、三日間のイベントを楽しんでいるようだ。そしてふだんなら、観光客は村をめぐって冠婚葬祭に当たるか、お金を払って披露してもらわなければ見ることができないシンシンをいっぺんに何十種類も見ることができる絶好の機会ということで、世界中から写真家や愛好家、そして観光客が集まってくる。この年に一度のシンシンショーの出演者は、やはり開催地とその周辺の民族が中心となることが多い。

よって各地のショーで見ることのできるシンシンは同じニューギニア島内でもちがいがあり、また、北部のニューブリテン島やニューアイルランド島ではまったくと言っていいくらいちがう。私のおススメは、通常毎年七月にニューブリテン島ラバウルで開催されるマスクフェスティバルと、九月にゴロカで開催されるゴロカショーの組み合わせで、山と海のまったくちがった個性のシンシンを体感することができるだろう。

泥の人「マッドマン」

通称マッドマンと呼ばれるシンシンがある。正確には「これが舞踏？」と思うようなパフォーマンスだが、全身に泥を塗りたくって白くして、泥でつくった大きなマスクを被る。このマスクの顔は不気味だかどこかコミカルな雰囲気だ。この恰好で、ある者は弓矢を、ある者は槍を構えて、腰を低くしてゆっくり、ゆっくりと歩いてくる。打楽器も歌も叫びもない。無音であるから余計不気味さが漂う。

このマッドマンはゴロカから車で三〇分ほどのアサロ渓谷の村々で演じられているが、ことの始まりがおもしろい。先述の通り部落間で争っていた頃、アサロ渓谷の村人が敵対する村人に追われて逃げている最中に大きな水たまりか泥沼に落ちて、全身泥まみれになった。起き上がって歩いているところを敵対する村人に見つかったが、その泥まみれの姿に驚いて逃げてしまった。天から舞

アサロ渓谷の村人が演ずるマッドマンは不気味だがどこかコミカルだ

い降りてきたご先祖さまと信じたそうだ。その有様を体験したアサロ渓谷の村人は、これを利用しようと前述のような衣装（？）を作り上げ、それらしく見せるように静々と歩いて敵対する村を襲うと、村人は逃げ隠れてしまった。そこで村に火を放って帰ってきた、という逸話である。

この話を聞いた時にずいぶん昔の話だろうと想像したが、いつごろまでその「戦法」で戦ってきたかを聞くと、八〇年前くらいまでやっていたという。本当にこの国はタイムカプセルのようだと思った。このマッドマンのシンシンは観光客にも人気があり、少々離れた場所のシンシンショーに出演していたり、各地のホテルでも演じられていたりするので、目にするチャンスはあるかもしれない。また日本から予約していけば、ゴロカから少人数でもアサロ渓谷の村を訪れてこのマッドマンを見ることができるので、ぜひご覧いただきたいと思う。

セピックアート

セピック川はパプアニューギニア観光の看板である、と思っている。それは世界中これに類似するものがないからである。セピック川は、ニューギニア島中央を走る山脈地帯からインドネシア領を一部またぎながら、ウェワクの東方約九〇キロメートルのビスマルク海に注ぐ全長約一一二六キロメートルにも及ぶニューギニア島随一の大河で、流域の村は豊かな熱帯の自然に太古からの民族文化を色濃く残している。

このセピック川流域は広大な湿地帯で、毎年の雨季には川は水位を極端に上げて氾濫し、生き物のように微妙に川筋を変え続けている。これに備えて村々では、二メートル近い高床の住居を構えている地域もあるほどだ。このような制約を受ける一方で、川は村の人びとにとってはほぼ唯一の交通手段で、ミズスマシのようにすすむ姿が美しい細長いカヌーや、サゴヤシ澱粉などの産物を運ぶ大型カヌーが往来してゆく活気ある水の道でもある。さらに川で捕れる魚やナマズは村人たちの重要なタンパク源で、焼いたり燻製にしたり、またフィッシュボールにしてスープに入れたりして食を楽しんでいる。まさに人びとは川と共生しているのだ。

セピックでは、ヨーロッパから流入した文化とキリスト教に駆逐され、徐々にその姿を失いつつある太古からの信仰や文化風習が、交通が不便なこともあってか今でも色濃く残っている。特に精霊信仰による独特な風習や建物、彫刻などは、パプアニューギニアのプリミティブアート（原始美術）の中でも「セピックアート」と呼ばれ、欧米をはじめとする各国の芸術家、学者、愛好家の間でも注目されている。

●日本が学ぶエコロジー

私が記憶するここ数十年の日本の移り変わりと、この一〇年間見てきたパプアニューギニアとをくらべてみると、日本がすでに失ってしまったものの多くを、いまだこの国が有していることに感心する。それは自然との共生であり、互助の精神である。

多くの村社会では土地は村に帰属し、成人して結婚すれば土地が与えられ、彼らのために皆で家を建てる。日本のように何十年または二世代にわたって住宅ローンを背負うことはない。食べ物は必要最小限に森を開墾した畑で作られ、海があれば木をくり抜いたカヌーで漁に出る。また小さな子供たちは年上の子供たちから遊びを通じてさまざまな道具の作り方、使い方を学び、親から生き抜く技を学んでゆく。小学校に入りたての子供でももっと幼い子供の面倒をしっかりと見ながら遊んでいる。一方、身体障害者や精神障害者は村全体で一生世話をする。

また村は周辺の村とともに自立した地域社会体制を作り上げている。すなわち明日、この国の政府がなくなっても、きっと彼らは今日と同じ生活を永遠に続けてゆけるだろう。

そんな彼らのライフスタイルを、日本のライフスタイルと重ねた時、自分の子供時代にあった自然や人情を思い出す。この国でも人口増加が問題となってきたり、資本主義が広く浸透し始めたりしているが、それでも古き良きものがまだ多く残っていると思う。

他方、ここでは太平洋戦争時、旧日本帝国陸海軍の南方方面軍とフィリピン奪還をめざすダグラス・マッカーサー総司令官率いる連合軍の激しい戦闘が繰り広げられた。その際多くのパプアニューギニアの人びとがこの戦闘に巻き込まれて亡くなったり、怪我をしたり、また各軍の諜報活動や使役労働をさせられていたと聞く。戦後は日本も政府による途上国開発援助（ODA）を継続的に提供し、主に公共設備の整備や海外青年協力隊（JOCV）派遣を行い、民間でも日本財団などの諸団体から太平洋戦争の帰還兵といった個人の方がたにいたるまで、この国にさまざまな援助をしている。この国の人びとの日本人に対する目がとても友好的に感じるのは、きっとそのおかげだろうと思う。

私はそんなこの国の人びとのライフスタイル、そしてこの国で起こった事実を一人でも多くの日本人に知ってもらいたい、そして何かを感じてもらえたらうれしく思う。今の日本人が忘れてしまった、あるいは失ってしまった多くを大切にもち続けている、また残しているこの国を、我々日本人が謙虚な姿勢で見つめることは、未来の日本にとってとても大切なことだと私は信じている。

関係する個人や企業のサイト

ニューギニア航空日本支社　http://www2.air-niugini.co.jp

中村征夫　http://www.squall.co.jp

エムズ・サーフ＆スポーツ　http://www.cityfujisawa.ne.jp/~velzy
抱井保徳　http://www4.ocn.ne.jp/~k-shape
パパ大津留　http://www.papasinn.com

【コラム】近代化したポートモレスビー国際空港

平地とハイランド（高地）を結ぶ幹線道路が一部しか整備されていず、また多数の島からなるパプアニューギニアでは、国内航空便は比較的整備されている。これらの国内航空便と結ぶとともに、外国との表玄関となっているのが、ポートモレスビー国際空港である。

パプアニューギニアの最も大きな国際空港であるが、長年の使用で老朽化が激しく、改修および機能向上が求められていた。そこで、この首都空港を改修し本格的な国際空港として設備を近代化する計画が立てられた。これに対して日本政府は「ポートモレスビー国際空港整備事業」として、長期で有利な利率による有償借款援助(日本政府による途上国開発援助＝ＯＤＡの一つの援助方式)を提供した。借款額合計は約一二〇億円で、フェーズ1およびフェーズ2に分けて進められ、最終的に二〇〇一年三月に完成した。

第一次整備事業は一九八八年から開始され、二七〇〇メートル級の滑走路整備、老朽化した国内・国際線ターミナルビルの建設、新管制塔その他の建築関係の整備事業が実施され、一九九八年三月に引き渡された。

そしてこれに並行して、第二次整備事業として一九九六年から航空管制用設備の整備事業が計画・

【コラム】近代化したポートモレスビー国際空港

改修されたポートモレスビー国際空港にテスト飛行で飛来し、離陸する日本政府専用機。背景は新管制塔（2001年撮影）

実施された。一九九八年から現地工事がスタートし、二〇〇一年三月末に工事が完成した。

この近代化事業によって、現在では日本を含む八ヵ国への国際線および一六の国内線が就航するまでになっている。そして今後パプアニューギニアの資源開発や観光開発の進展によって、さらに就航するエアラインおよび便数が増えていくことが期待されている。

第6章　自然栽培の高品質コーヒーを輸入

福島　正光

一九九〇年にビーエムコーポレーションを設立。現地コーヒー園と契約を結び、パプアニューギニア産コーヒーの日本への輸入・販売に従事。

●コーヒーとの出会い

日本人はいまや、たいへんなコーヒー党である。日本の生活の中ですっかり定着して、欧米諸国と並んで消費量は多く、統計上では私の計算だと、国民一人ひとりがほぼ毎日一杯飲んでいる勘定になる。

国内に世界各地から輸入されるコーヒー豆を売る専門店もできて、自分の好みのコーヒー豆が手に入るよい時代となった。とくに消費者の健康志向が高まり、高品質のコーヒーの需要が高まってきている。なかんずくスペシャルティー・コーヒー、とくに自然栽培（オーガニック）のコーヒーの需要が高まってきている。

私は、パプアニューギニア産のコーヒー豆の輸入にかれこれ三〇年あまりもたずさわっている。

とくに私が輸入しているコーヒー豆は、肥料や農薬を一切使っていない清浄栽培によるもので、最高級のアラビア種プレミアム（ＡＡランク）である。

日本では私が輸入しているコーヒー豆を焙煎して、「パラダイス・プレミアム」という名前で売り出されている。パラダイスとは、英語で「極楽」という意味であるが、パプアニューギニアに多く生息することで有名な「ゴクラクチョウ（バード・オブ・パラダイス）」からとって名づけており、いわばパプアニューギニア産のプレミアム・コーヒーという意味が込められている。ちなみに、販売しているのは、株式会社コーヒーロースト（横浜）などである。

私は、初めからコーヒー専門であったわけではまったくない。現在のパプアニューギニアに初めて行ったのが、まだオーストラリアの委任統治領であった一九六三年であった。香港、シンガポール、そしてオーストラリアのシドニー経由で、ラバウルにようやくたどり着いた。ラバウルは、一九世紀の終わりころからヤシ油やココアの交易で栄えていて、もともと同地域を植民地としたドイツ人が作った町と言われるだけに整然とした港町で、コスモポリタンのような雰囲気もあった。そこには隣国のオーストラリア人ほか欧州系の人たちが多くいたが、華僑もおり中華街もあった。

なぜ私はラバウルに行ったのか。私がまだ若く、商社系の会社で北米とのビジネスに携わっていたころ、上司の友人に何かと南太平洋に関心のある好奇心旺盛な変わりダネの人がいた。その人が上司に吹き込んだ縁で、上司から何かビジネスチャンスを探してこいと、南のパプアニューギニアに調査のために派遣されたというわけである。当時現地に駐在している日本人は一人だけで、その人は、木材輸入に当たっていた。

いつの間にか、私は「パプアニューギニア通」とみなされるようになった。現地でもいろいろビジネス関係者を知るようになった。そのひとりにヘンリー・チョウという華僑系の人がいた。

同人の祖先は、一九世紀の末期頃中国の広東省からラバウルのココナッツの木（ヤシ油をとる）のプランテーション（大規模農園）の労働者として連れてこられたとのことで、同人は七代目ということであった。さすがにビジネス感覚はたいしたもので、現在さらに大きく成功している。私は、同人が日本に注文を出した漁船などビジネス関係を手伝うようになった。

私がコーヒーと出会ったのも、チョウ氏の世話である。ラバウルでもコーヒーが取れたので、パプアニューギニアでコーヒーができることは知っていたが、平地栽培のものは品質がよくない、よいものを手に入れるならばニューギニア本島の中央高地（ハイランド）に行かなければいけない、とのことであった。

一九七八年から七九年ころのこと、チョウ氏からパプアニューギニア政府も株を持っていたANGCO（オーストラリア・ニューギニア会社）を紹介された。同社はハイランド（高地）に当時最大のコーヒー園を経営していた。

私は、同社と契約して、同農園で産出する最高級（プレミアム）のコーヒー豆を日本市場向けに輸入、販売することとした。日本では神戸にドイツ系外国人の経営する会社があり、以前からパプアニューギニア産のコーヒーを輸入していたので、神戸地区をのぞいた日本市場への販売権を獲得した。

本格的にパプアニューギニア産のコーヒーを専門に扱うようになったのは、自分の会社、ビーエムコーポレーションを設立した一九九〇年である。二〇〇一年、それまで契約していたANGCO社が分社され数社に分かれたので、私の会社ではプローサ農園を所有している会社と専売契約をして、今日にいたっている。同農園は、ハイランド（高地）の中心的な町のひとつである東ハイランド州ゴロカから約九〇キロメートル離れた標高一六〇〇メートルの山奥にある。

コーヒーの実（プローサ農園のパンフレットより）

●コーヒーベルトのハイランド（高地）産

赤道をはさんで地球を取り巻くいわゆる「コーヒーベルト」と呼ばれる地帯があるが、コーヒーはそうしたコーヒーベルトにあたる世界七〇ヵ国あまりの国で栽培され、四〇ヵ国くらいに輸出されている。パプアニューギニアもコーヒーベルトに入るが、コーヒーの最大の生産国はブラジル、最大の輸入国はアメリカである。

パプアニューギニアのコーヒーは、太平洋戦争終結のあと一九五〇年頃から急速に栽培量が増加した。ニューギニア島に

コーヒーの実の表皮を取り去り、コーヒー豆を作る過程（プローサ農園のパンフレットより）

はいろいろな原産植物が多いが、コーヒーがなかったことは、はっきりしている。しかし、最初にだれが持ち込んだか、その起源についてははっきりわかっていないようである。

私の感じでは、先に述べたANGCO社にはアフリカから転勤してきた英国人技術者などがいたので、アフリカのアラビカ種などを持ち込んだのではないかと思う。

ただ、大使として在勤していた田中さんによれば、二〇〇二年頃、アトパレ総督（パプアニューギニアは英連邦のメンバー国であるので元首はエリザベス女王であるが、現地の名代としてパプアニューギニア人が任命されている）から昼食に呼ばれた時に、総督からパプアニューギニアのコーヒーは六〇年くらい前に日本人科学者がたまたま持ち込んだ豆から発達したものと聞いた由である。アトパレ氏自身、ゴロカ地方のコーヒー園の所有者でもあるので、その話は本当かもしれないが、確証はない。しかし、最近では、ジャマイカからブルーマウンテンの苗木が持ち込まれたとも言われている。同じ英連邦なので、これも確度の高い説であると思う。

コーヒーの木はけっこう繊細なもので、雨が多すぎても少なすぎてもよくない。暑すぎても寒すぎてもよくない。高品質のコーヒー豆が取れる環境は、標高が約一一〇〇メートル以上で年間平均気温が二〇度程度、いわば一年中、日本の夏の間の「避暑地」のようなところがよいのである。その点で、ニューギニア島のハイランド（高地）は、まさによいコーヒーが取れる環境として申し分ないものであろう。

そういうことでパプアニューギニア産のコーヒー豆は全体として、世界的に高品質のものに十分対抗できると思う。パプアニューギニアは現在では年間六万九〇〇〇トンのコーヒー豆を輸出している。それより得られる農産物輸出収入は全体の四五％に達し、農業作物の最も大きな現金収入源である。コーヒー産業は全人口の約三分の一の約二〇〇万人の農民に現金収入をもたらして、最も大きな雇用をささえる産業となっている。

パプアニューギニア産のコーヒー輸出の九割以上がドイツに行っている。それは、現在のニューギニア地域が一九世紀後半からドイツの植民地であったという歴史的な縁から、輸出ルートが確立しているということであろう。また、ドイツ料理は肉料理も多いようなので、その食後にやや酸味があり香料の豊かなコーヒーが似合っているということもあるかもしれない。

しかし、日本では、パプアニューギニア産のコーヒーはまれにしか見かけない。ジャマイカの

プローサ農園産「パラダイス・プレミアム」６０kg 入りの麻袋。絵の鳥はゴクラクチョウ

ブルーマウンテンとか、キリマンジャロのコーヒーなどがやたらと有名であるが、パプアニューギニア産のコーヒーが知られていないのは、日本人のブランド好みのためなのか、こちらの宣伝が下手なのかはわからない。いまだパプアニューギニアでもコーヒーが取れるのですかと疑問に思ってたずねられる方もおられる。

日本ではいろいろなコーヒーをブレンドした「ブレンドコーヒー」が多いので、上質なパプアニューギニア産のコーヒーはブレンドをよくするために使われているのかもしれない。

パプアニューギニア産コーヒー豆の日本への輸入量は約六〇〇〇トン（六〇キロ入りの袋で一万俵）で、同国の年間輸出量六万九〇〇〇トンの一％にも満たないくらいである。日本のコーヒー豆の年間総輸入量は、約四二〇万トン（七〇〇〇万俵）に達するので、パプアニューギニアからの輸入量は、ごくごくわずかでしかない。

しかし、コーヒー好きな日本の皆さんにパプアニューギニア産のコーヒーをもっと飲んでいただいてもよいのではないかと思う。コーヒーの味は焙煎によってちがうけれども、パプアニューギニア産のコーヒー豆の品質はよいので、今後まだまだ発展の余地があると思っている。

第７章　熱帯で育てる植林木の事業

中村　弘

三五年にわたり、パプアニューギニアにおける森林開発事業に従事。晃和木材社長。

●パプアニューギニアの木材業界の変遷

私が、パプアニューギニアへ初めて出張で訪れたのは一九七四年の末で、同国がオーストラリアから独立を果たす前年のことであった。振り返れば、それ以来今日まで三五年間ずっと、同国における森林開発事業に携わってきた。

私どもの会社は一九七三年に、同国に現地子会社オープンベイティンバー社を設立し、パプアニューギニア政府より太平洋戦争で有名となったラバウルの南西一〇〇キロメートルにあるオープンベイ林区の開発許可を取得し、森林開発事業に着手したのである。この林区の総面積は約二二万三〇〇〇ヘクタール、東京都の面積とほぼ同面積の広大なもので、同国でも三指に入る大型林区であった。私は三一歳の時にこのプロジェクトに参加し、二度の現地駐在を経て、一九八五年からは晃和木材社長として、このプロジェクトを継承し推進してきた。

我々がこの国に進出した当時の日本は、南洋材丸太の輸入量が世界第一位で、一九七三年には輸入量が年間二七〇〇万立米の史上最高を記録し、また一九七二年から七三年にかけては南洋材市場価格が暴騰し、大手商社が暴利を得ているとして国会喚問されるなど、思えば南洋材華やかなりし時代であった。

当時の南洋材の供給国は、ラワン材で有名なフィリピンが主流で、次にインドネシア、マレーシアなどがそれに続いたが、すでに将来のフィリピンからの供給に不安が生じ始めており、そうした背景もあって一九七〇年に入ると、新たな南洋材の供給源を求めて日本の商社や木材会社が一斉にパプアニューギニアに進出し、林区を取得し森林資源の開発輸入に走った。先発したのが日商岩井（現在の双日）と本州製紙（現在王子製紙グループ）の二社で、その後に晃和木材、新旭川、大塚家具、外商などが進出した。当時パプアニューギニアの林業界はほとんどがオーストラリア資本の林業会社で占められていたが、ピーク時には日系企業が同国の丸太輸出の六割近いシェアを占めるまでになったのである。

各社が進出した当時からすでに三五年近く経つが、残念ながら一九七四年のオイルショックの発生とその後の長期にわたる木材不況、高値を理由としたユーザーの南洋材離れによる需要の減退などにより、パプアニューギニアからの各社の撤退が続き、現在も残って操業を続けている日本企業は晃和木材一社となってしまった。

日本企業が撤退した後には、マレーシアから自国の木材資源の枯渇を見越して木材会社が続々と進出し、現在ではパプアニューギニアからの年間丸太輸出量（二〇〇八年度約二五〇万立米）の八〇％以上がマレーシア企業により占められている。ちなみに今日の日本への南洋材丸太の供給国は、すでにフィリピンやインドネシアが残存資源の問題から輸出を禁止したために、第一位がマレーシア、パプアニューギニアが第二位となるなど、すっかり地図が塗り替えられ、時代の変遷を痛感する。

我々がパプアニューギニアでの森林開発事業で存続できているのはなぜか。その最大の理由は、晃和木材が一九八五年から大規模植林事業を開始し、天然木の伐採を徐々に縮小させ、これを植林木の伐採利用へと、林区内の木材資源をサステイナブル（持続可能）なものへと切り替える事ができたからであると私は考えている。二四年前我々が植林を開始した当時は、未だ環境問題も木材資源問題も今ほど深刻ではなかったが、年々これらの問題が重要な問題としてクローズアップされ、植林事業に対する現地政府や地元住民の理解と協力を得られるようになり、また木材のバイヤーたちも環境に優しい植林木の利用に前向きになり、需要が増加してきた点がある。

●前人未踏の森林開発事業

晃和木材の現地子会社オープンベイティンバー社は、一九七三年にパプアニューギニア政府との間で二〇年間の森林開発事業協定書を締結し、一九七四年に操業を開始した。この協定書には、会

独立記念日の記念植樹。中央やや右よりに筆者。下に会社が建設した小学校が見える。その先の入江は丸太の積み出し港

日本からの客人を迎えるために集まった小学校低学年の児童たち

社の権利として、天然林を伐採し丸太で輸出することが認められる一方、義務としては、加工工場（当社の場合は大型製材工場）の建設や各種のインフラストラクチャー（関連基幹施設）の建設が規定されていた。

この契約に従い、我々はまさに陸の孤島であった原始林に足を踏み入れ、これを伐り拓いていった。まず駐在員の住宅や事務所や飛行場を建設し、その後徐々に、主要道路や橋梁、埠頭、さらには従業員宿舎や修理工場、診療所、警察署、学校、運動場、教会、トレードストアーなど全てを会社で建設し、今では周辺の現地住民も移り住み、オープンベイには小さな町が出現している。

生産面では、操業開始から約五年間はもっぱら天然林を伐採し、丸太で日本市場を中心に輸出（年間約一二万立米）してきたが、一九七六年には大型の製材工場（年間丸太投入量一〇万八〇〇〇立米）を建設し、天然木の輸出に加え製材品での輸出販売を開始した。製材品は日本のほか、オーストラリア、ニュージーランド、またパプアニューギニア国内でも販売した。

植林事業へ転換

ところがこの製材工場は、一九七九年に原因不明の火災により焼失してしまう。当時の市況では採算的に厳しい製材工場の再建よりは、長期投資とはなるが、将来の可能性に賭けて植林事業を推進する方針を定め、同国政府と交渉の結果、一九八四年に開発事業協定を改定し、一万四〇〇〇ヘクタールの大規模植林の実施を約した。

現在までに一万二五〇〇ヘクタールの植林を完了したが、これは山手線の内側の面積約七千ヘク

上空から見る樹齢15年のカメレレ植林木（2007年）

タールの一・八倍、一八ホールのゴルフ場約一〇〇ヘクタールの一二五コース分と広大なもので、一面四メートル間隔で整然と立ち並ぶ植林木の山は見るだけでも壮観である。

植林している樹種は九〇％以上がカメレレ（学名はユーカリプタス・デグルプタ）というユーカリ系の木である。ユーカリはフトモモ科に属する木で、オーストラリアではコアラがこの木の葉を好んで食べる事でよく知られているが、種類は非常に多く六〇〇種以上ある。カメレレを選択した理由は、まず現地にたくさん自生しているところから健全に育つであろうと期待されたことと、材色が赤系の広葉樹で、合板や製材、製紙用のチップなど多目的な利用が可能との判断による。

熱帯のさんさんと降り注ぐ太陽と多量の雨により、この木の成長は非常に早い。植栽後七―八年は特に早く、年間平均で樹高は三メートル、直径は三センチメートル成長する。一五年では、樹高三八メートル、胸高直径（立木の直径は人間が立った胸の高さで計測）三六センチメートルになるので、十分丸太として輸出販売が可能となる。日本のヒノキの場合は一年間の成長は直径三ミリメートルと言われるから、一〇年経っても三センチ、直径三六センチにするには一二〇年を要する事になり、これにくらべれば、パプアニューギニアのカメレレの成長は八倍早い事になる。

植栽後11ヵ月のカメレレ（2008年）

中には植栽後一年で四メートルの高さになる苗木もあり、これは一日に高さ一センチ以上伸びる勘定で、現場に一〇日も居れば一〇センチにもなり、まさに見る見るうちに大きくなる。

年後に訪れると自分の背丈をはるかにしのぐ木に成長してしまうのは驚きであり、この若木が風にそよぐ姿は実にさわやかであり、うれしくなる。

二〇〇一年から樹齢一五年

植林木を満載（6500立米）して東京港に入る木材運搬船

で伐採を開始し、現在は樹齢一八年の平均胸高直径四二センチメートルの木を伐採し輸出販売している。植林木の成長は土壌と日当りの良否により個体差が出るので、全般的には日当りのよい道路脇に植林したものが成長が早く、中には一八年生で直径六〇センチメートルを超えるものも出る。ちなみに現地子会社の二〇〇八年度の植林木の伐採輸出量は一〇万立米、天然木は一万二〇〇〇立米であった。

●土地問題

土地の手当て

海外での植林事業の一つの大きな問題は土地の手当てである。広大な土地を長期間手当てしなければならない。土壌が肥え日当りがよく雨が多い所がよいのはわかっているが、これだけ広大な土地を手当てするとなると、どうしても長期間賃借契約しても問題の出ない土地を手当てする事が優先してしまう。長い間には地主と紛争が生じプロジェクトが頓挫する事もあるので注意を要するのである。

従い我々は国から国有地をリース（四〇年間プラス二〇年間の延長オプション付き）してもらい、それに植林している。現地子会社の林区内には合計三万ヘクタールの国有地があるので非常に幸運であった。

パプアニューギニアでは国有地は全国土面積のわずか三％程度しかなく、その他は全てカスタマリーランド（慣習的土地）と呼ばれる民有地である。この民有地は、個人で所有しているものもあるが、特に奥地では集落の住民たちが共同で所有したり使用しているものも多く、なかなか複雑である。昔はこの土地をめぐって部族間でたびたび闘争が行われたようで、自分たちの土地への執着心は非常に強いものがある。住民はよく「パパグラウンド（親父の土地）」と言うが、そこは長年先祖が守ってきた伝来の土地であり、そして先祖を祭祀する場所や精霊が住むと信じる場所もあるので、住民にとっては伝統や信仰の場所としての強い思いがある。従い企業が彼らから直接土地を手当てする場合には、こうした事情をよく理解することが大事である。

また土地の登記制度がいまだ完全でなく未登記の土地も多いので、土地の手当てにあたっては誰が真の地主であるかの確認が大変なのである。この国の今後の一段の経済発展のためにはこの土地登記制度の確立が重要で、現在パプアニューギニア政府もその整備に力を入れている。

リース契約の交渉

またこの国の法律は英国法を基盤としているので、リース契約のない土地の地上物は全て所有権が地主に帰す。オープンベイティンバー社が植林事業を開始した当時は、いまだこの国での民間による植林事業は少なく、従ってこの国の植林に対する政策や制度が確立しておらず、ただでさえ少ない国有地のリースには消極的であった。

そこで晃和木材の場合、植林に関する会社側の権利については、林区内にある国有地に自由に立ち入り植林をし、将来植林木が成長した時の自由伐採権と自由処分権を会社に保証する旨の保証条項を、会社と政府間で締結した開発事業協定書に挿入する形でスタートした。

ということは、法的には会社が植林をした植林木も、所有権は地主（国）に帰属し、所有権がないから植林木を担保にして融資を受けることもままならず、また所有権のない植林木を会社の資産として計上しうるかどうかという会計処理上の問題に直面した。あるいは他人が無断でこの土地に入り込んで利用を始めた場合どう対処するかといった、第三者に対する対抗要件も非常に希薄であるなどの問題をかかえていた。

その後こうした問題に対処するために、パプアニューギニア政府との間で、この国有地を会社にリースしてほしい旨の交渉を開始した。幸い環境問題や資源問題が深刻になるにつれ植林事業の重要性が増し、政府側も、民間の植林事業を奨励するには土地をリースし、植林した木の所有権を植林会社に付与する事が重要であるとの認識が芽生えた。交渉開始して一〇年近い歳月を要したが、二〇〇四年に開発事業協定書を改定し、その中に、国が林区内の三万ヘクタールの国有地全てを会社に植林のためにリースする旨を明記する事となった。それにもとづき国と会社とが別途詳細条件を定めたリース契約を締結し、会社が当該国有地のリース権の保有者である旨の登記が完了したのである。

これにより長年の念願であった植林木の所有権もようやく会社に移転し、会計上の問題、担保能力や第三者に対する対抗要件などの問題も全て解決することができた。日本の企業が世界の各地で植林事業を展開しているが、これだけ広大な面積の国有地について、長期間リースを受けてリース契約と登記が完成したプロジェクトはあまり例がないのではないかと思う。その点で我々は、最もむずかしい植林プロジェクトの土地手当てとそれに対する法的基盤を整備できた事を誇りに思っている。

●植林事業の特性と排出権取引

植林事業はパプアニューギニアに対し、三つの大きな貢献ができるプロジェクトであると考えている。

第一は雇用の創出である。植林事業は労働集約的事業で、苗の育成から地拵《じごしら》え、植え付け、周期的下刈りや間伐など、ほとんどが人力に依存している。会社では現在植林部門だけで八〇〇人以上の現地人を雇用し、これに正社員二五〇名を加え、常時一〇〇〇名以上を雇用している。

第二は森林資源の再生である。いったん天然木を伐採したのち再植林により森林資源を再生しており、また植林木も伐採したら常に一年以内に再植林することで、サステイナブル（持続可能）な森林事業の確立をめざしている。

第三は、地球温暖化防止に関しても、植林木は空気中のCO2（二酸化炭素）を吸収し炭素に固定化する事により成長するので、CO2の吸収・削減に貢献している。

世界の環境会議において、植林事業についてCDM（クリーン・ディベロップメント・メカニズム）というスキームが考案された。これは、発展途上国において植林すれば、その植林木が吸収するCO2を本国におけるCO2排出量と相殺し、あるいはその排出権を他国にも販売しうるというものである。植林事業がCO2の排出権取引の対象となるということである。

我々のパプアニューギニアにおける植林事業もこの排出権取引に参加しうるのではないかと一時大いに期待したのであるが、これに参加しうるのは裸地とか草原とか砂地への植林であり、我々のような元森林であった土地への植林は資格がない事に決定されたため、大いに落胆した。

CO2吸収量を積極的に増加させるために

聞くところによれば、現在までに世界でこの植林によるCDMプロジェクトが認可されたものは、ごくわずかな件数にとどまっているとの事である。世界の学者たちが考えたこのスキームはたしかに詳細な分析検討によって考案されたものであろうが、あまりに制限が厳しすぎて合格点をとれるプロジェクトが少なく、またもともと裸地や草原や砂地ではどう考えても植林して採算のとれる高成長が期待できず、植林事業の長期かつ高額投資とその間のさまざまなリスクの大きさを考えれば、投資目的でこうした植林を推進する民間の投資家は限られ、そのあたりが植林ＣＤＭの伸びない理由の一つであると推察する。

グローバルに、しかも早期にＣＯ２の吸収量を増やすには、もっとＣＤＭのスキームを緩和し、まったく手付かずの天然林は別として、元森林であった場所への植林や、二次林（一次林である処女林から商業的価値のある立木の伐採が終わった林）や三次林（二次林からさらに商業的価値のある立木の伐採が終わった林）を伐採して再植林するプロジェクトも適格とすることも、一考に値するのではないだろうか。

これらの土地がかつて森林であったという事は、すなわち木がよく生育する土地である事に相違なく、植林が事業として採算が取れるとしてもっと多くの投資家が乗り出す事は明らかで、そうすれば現状よりもまちがいなく森林面積が増え、ＣＯ２の吸収量増加に貢献すると思うのである。また、木は成木や老木になるにつれ年々ＣＯ２の吸収量は少なくなるが、植林された若木は成長期であり、そのＣＯ２の吸収量は成木・老木に比しはるかに多いので、単位面積当たりのＣＯ２の吸収量も増加し相乗効果がある。

最近は、現存する森林を伐採せずにそのまま保存することで、その森林が吸収するＣＯ２に対し排出権を取得できるスキームが考案されている。天然林の保護はＣＯ２の吸収のみならず生物多様性の保護の観点からも重要と考えるが、ただし、この方法は現状よりＣＯ２吸収量を増加させるという観点からは効果は限られる。従って、もう一方で前述のように積極的に植林や再植林プロジェクトを増やす事により、世界中の森林面積を増やし、また若木を増やしてCO2の吸収量を増加させる事が非常に重要であると考えており、そのためにもよりよい奨励制度の確立が必要と考えている。

●植林プロジェクトが受けた各種の支援

我々のプロジェクトはすでに三五年を経過したが、この間いろいろな難題に直面し、その都度いろいろな方がたから御支援をいただいた。開発当初は、海外経済協力基金やJICA（国際協力事業団）の資金援助をいただいたし、また現地では当社の森林伐採権の復権問題、植林木丸太輸出に対する輸出税撤廃問題、国有地のリース問題等々、歴代の日本大使には問題解決にご支援をいただき大変感謝している。そうした支援がなければ我々のプロジェクトも現存していなかったであろう。

先述のとおり、パプアニューギニアにおける森林業界では日本企業は晃和木材だけになってしまったが、我々はこうした方がたのご好意を無駄にせぬよう、今後懸命にこの国でのプロジェクトを推進して行きたいと考えている。幸い晃和木材は、二〇〇七年四月より住友林業株式会社の傘下に入り新たなスタートを切ったので、今後はこの親会社の林業技術指導や財務支援を受け、さらにいちだんとプロジェクの改善拡大をめざして行きたいと考えている。

すでに二〇〇八年四月にはパプアニューギニア政府と約束の植林面積一万四〇〇〇ヘクタールを

二万ヘクタールへ拡大する事に合意し、開発事業協定書を改定した。また植林事業に対する環境認証も、現在保有しているFSC・CW（世界の森林認証機関であるフォレスト・スチュワードシップ・カウンシルによるコントロールドウッド認証）から、最高位の認証であるFSC・FM（同フォレストマネジメント認証）を取得すべく現在作業中である。以上のとおり、我々は環境に配慮しながら森林資源を再生し、一日も早く持続可能（サステイナブル）な森林プロジェクトをパプアニューギニアで確立し、日本企業の信頼をさらに勝ちうるよう今後も努力して行きたいと考えている。

●むすびに

現在パプアニューギニアでは、この国で史上最大の投資規模一兆三〇〇〇億円といわれる大型LNG（液化天然ガス）開発プロジェクトがスタートへの最終段階を迎えている（第8章）。このプロジェクトには日本の多くの石油会社が関心を示し、すでに大手石油会社の中には数社参加を決定した会社があると聞いており、またこのプロジェクトの処理施設の建設のコンサル・施工などにおいても日本企業が参加している。

このプロジェクトの影響で二年ほど前から海外からのビジネスマンの来訪が大幅に増加し、そのため飛行機のフライトやホテルの予約が以前にくらべ格段にむずかしくなってきている。またこのプロジェクトがスタートすれば、首都ポートモレスビーには約二千人の外国人居住者が増加すると予測されており、そのため現在外国人用の住宅やホテルの建設ラッシュで、不動産価格はこの二年間で二倍近く上昇したといわれる。

そうした中で二〇〇九年五月、ソマレ首相の訪日の折に麻生首相とのトップ会談でニューギニア航空の成田からポートモレスビーへの直行便を週二便に増便する事が決定され、二〇一〇年三月から週二便が実現するとの事で非常にうれしいニュースである。

以上のとおりこのLNG開発プロジェクトが成功すれば、この国の経済は大きく変貌すると予測され、またこのプロジェクトに日本企業が進出すれば、近年減少を続けていた日本からの投資が復活し、同国と日本の協力関係が一層深まる事はまちがいない。長年現地でこの国の発展を見てきた者としては、これを機にこの国が飛躍的に発展し、日本との絆も大いに強化されることを心から祈念している。

第８章　天然ガス田を開発

飯田　信康

二〇年にわたり、パプアニューギニアで石油・天然ガスの開発に従事。新日本石油開発副社長。

●ついにプロジェクト正式決定

二〇〇九年一二月八日、パプアニューギニアの首都ポートモレスビーにある国会議事堂内の講堂にマイケル・ソマレ首相以下大勢の政府関係者が勢ぞろいしていた。パプアニューギニア液化天然ガス・プロジェクト（ＰＮＧ・ＬＮＧプロジェクト）の「最終投資決定」（プロジェクト事業化の正式決定）を祝う式典が行われているのだ。もちろんプロジェクト参加企業の社長・役員なども出席している。私も新日本石油開発株式会社の代表として参加することになっていたが、直前に体調を崩し断念せざるをえなかったのは、まことに残念無念であった。

現地に赴いた社員から受け取った、プロジェクトがセレモニー用に特別に用意した記念の万年筆を手にしながら、これを書いている。これまでの日々を思い出しながら、ここまでたどり着いたこ

「ガス・アグリーメント」調印式にのぞむソマレ首相（前列中央）、デュマ石油エネルギー相（前列左）とＰＮＧ・ＬＮＧプロジェクト関係者。後列左から2番目が筆者（2008年5月22日、オイルサーチ社提供）

とに、誇らしい気持ちとともに、ようやくここまで来たか、という安堵を感じている。

私とパプアニューギニアの関係は、一九九〇年七月に当時の三菱石油株式会社（その後、三菱石油株式会社が日本石油株式会社と合併してできた新日本石油株式会社傘下の新日本石油開発株式会社となる）が、同国内に石油ガス鉱区を保有する米国企業を買収したときに遡る。

パプアニューギニアは、石油ガスの生産国としてはあまり知られていないが、古くから石油ガス資源の存在は知られていた。その鉱区の大部分が、開発のむずかしい急峻な山岳地帯にあり、また埋蔵量もそれほど大きくなかったため、メジャーと呼ばれる巨大国際石油資本の進出もそれほど活発ではなかった。逆にその点が、世界的には中小石油ガス開発会社である当社の身の丈に合っているとの判断もあった。

当時は、当然のように天然ガスではなく原油を狙ってのパプアニューギニア進出であった。それが今、エネルギー関係のプロジェクトとしては最大規模の、ＬＮＧ（液化天然ガス）プロジェクトとして産声を上げようとしているのである。一九九〇年のパプアニューギニア進出時にはまったく想定していなかった事業展開であり、当時を振り返ると隔世の感がある。

このＬＮＧプロジェクトは、パプアニューギニアにとって史上最大のプロジェクトである。今後、開発作業が順調に進めば、二〇一四年初めにはＬＮＧの出荷が開始される。

本プロジェクトにより、パプアニューギニアの国内総生産は現在の二倍以上となり、輸出収入は現在の約三倍に増加すると予想されている。また、本プロジェクトによる新規雇用も、これから生産開始までの建設段階では一万二〇〇〇人から一万五〇〇〇人と予想されており、そのうち約三割がパプアニューギニアの人たちになる予定である。生産開始後も約一二五〇人の運転・保守要員が必要であり、この大部分は現地の人たちを予定している。プロジェクトでは、そのために訓練施設も建設もすることになっている。このような形で長年お世話になり、これからも長いお付合いになるであろうパプアニューギニアの経済に少しでも貢献できることは望外の喜びである。

また、計画では年間六六〇万トンの液化天然ガス（ＬＮＧ）が生産されるが、その半分の三三〇万トンはわが国に輸出されることになっている。日本へのエネルギーの安定供給を生業とする当社にとって、これもまことに喜ばしいことである。

ＬＮＧの生産が始まる頃には、自分自身はおそらく会社を離れていると思うが、企業人であることをやめた後に、自らが手がけたプロジェクトの結実を見守ることができるというのは、何という贅沢であろう。今からその日が来るのが楽しみである。

●パプアニューギニアの石油開発

石油開発の歴史――苦労の末の原油生産

第二次世界大戦前より、パプアニューギニアのあちらこちらに石油や天然ガスが地表に湧き出しているところがあることは知られていた。これらを手掛かりに、南部の平坦な地域から地道な探鉱作業が開始された。南部の平坦な地域、それはすなわち熱帯のジャングルであり、当時の技術者は暑さとマラリアとの戦いであったという。

同地域では小規模な油ガス田の発見はあったものの、大きな成果が得られず、一九八〇年代には対象地域は本格的に山岳地帯に入っていく。高度が高くなる分、気温は下がりマラリアの危険も少なくなるが、急峻な山岳地帯が調査作業を阻むようになった。さらに、地表に露出している地層がカルスト（石灰岩などの水に溶解しやすい岩石で構成された大地が雨水などによって溶食されてできた地形）を呈する石灰岩であり、通常の石油探鉱で用いられる地震探査という手法がうまくいかない。それでも、当時の技術者は地質学の知識と理論を駆使し、ついに一九八六年には現在のイアギフ油田において最初の原油発見に至ったのである。

その後も周辺地域で相次いで油田およびガス田が発見され、当時のオペレータ（参加企業を代表

サウスイースト・モランの油井掘削現場（オイルサーチ社提供）

して実際に石油・ガスの探鉱・開発にあたる会社）である米国のシェブロン社（巨大国際石油資本の一社）により、クッブ油田をはじめとする開発・生産設備の設置が行われたのである。

こうして、パプアニューギニアにおける最初の本格的な油田開発は、シェブロン社により、一九九〇年一二月より行われた。クッブ油田などの存在する地域は、首都ポートモレスビーから北西へ五五〇キロメートルあまりの彼方、近隣には山間の村々が存在するのみのところであった。その地域に、プロジェクトの操業を行う作業員の滞在用キャンプの設置、石油を生産する井戸の掘削、生産した石油を処理する施設の建設、それを出荷するためのパプア湾まで二七〇キロメートルのパイプラインの敷設、という気の遠くなるような作業が行われた。

大きな事故もなく、同開発作業は順調に推移し、

ゴベのガス処理施設（オイルサーチ社提供）

一九九二年六月、ついにクツブライト（軽質）原油がパイプラインを通じ、パプア湾よりタンカーに載せられ、出荷されたのである。

パプアニューギニアでは、原油の販売から得られる利益は、国の収入になるだけでなく、一部が地域住民に配分されるシステムを採用している。当時のパプアニューギニアの一人当たり年間国民所得は約一七〇〇キナ（約六万円）にすぎず、この原油の出荷開始は、政府にとっても地域住民にとっても待ちに待った日であることは言うまでもない。一九九八年五月に行われ、私も参加したサウスイースト・ゴベ油田の生産開始を祝う祝典でも、民族衣装をまとった当該地域の住民たちが満面の笑みを浮かべて大勢集まってきたことを思い出す。

とは言っても、全てが平和裏に順調に行われているわけではない。これほどの開発作業ゆえ、土

クツブ油田近くに建設されたモロ飛行場（オイルサーチ社提供）

サウスイースト・マナンダ油田の生産開始を祝う祝典（2006年3月、オイルサーチ社提供）

地の所有権、雇用問題など、これまでの山岳地帯の村々にはなかった問題が、文字どおり山のように発生したのは言うまでもない。

当然のことながら、原油販売から得られる利益の配分や作業員の雇用などについては、中央政府、地方政府、現地の住民と事業者の間で交わされた契約のもとに実施される。しかし、もともと土地利権などとは無縁の山岳地帯である。村の境界など厳密に引かれているわけもなく、不満を持つ住民や、領地を主張する「自称」土地所有者が次々と現れたのである。それにより、隣接する村間での境界争いや、また時として補償を求めた実力行使も発生し、掘削現場に人びとが押しかけ操業停止を余儀なくされたり、人員を輸送するヘリコプターがハイジャックされたり、パイプライン上のバルブステーションが占拠され出荷が停止されそうになったりなど、かなり重大な事態も発生した。これに対処するため、オペレータのシェブロン社も専門担当部署を設置し、数々の話し合いや物品的な補償、GPS（全地球測位システム）を使った村の境界線の確定など、日々対応に当たった結果、現在では重大な事態はほとんど見られなくなった。

油田開発現場での生活——招かれざる客とともに

ところで、ここで簡単にプロジェクトの現場ではどのような生活が営まれているか、いくつかのエピソードを交え、紹介しよう。

クツブ油田を操業する作業員が生活するのは、南ハイランド州南部、クツブ湖の南西約一〇キロメートルの尾根の上に建設されたイアギフリッジ・キャンプと呼ばれる施設である。標高は一〇〇

○メートルを超え、雨や霧が多く気候は涼しい、というかむしろ寒いくらいである。事務所のコピー機に暖を求めて蛇が入り込んだということもあるほどだ。

井戸の掘削作業や生産施設の運転員などは一二時間勤務の二交代制であるが、多くの事務所勤務者は朝六時から夕方六時までの日勤で、おおむね四週間毎に交代する。

キャンプ滞在中は、併設された宿泊棟に寝泊りし、キャンプの食堂で食事をとる。当時のオペレータはシェブロン社。牛肉からソフトクリームまで、本国での食生活をそのまま持ち込むところは、さすが米国の会社である。ただし、安全上の理由で酒類は厳禁、違反者は即退去という厳しい掟がある。とはいえ一年のうちクリスマスの日だけは、ビールが一人一本のみ支給されていたのはご愛嬌である。

作業員の構成は、九割方は現地の人びとである。前述の通りの四週間交代勤務であるため、クルーチェンジの際には、外国人および国内遠隔地の出身者はポートモレスビーまでの飛行機で、また近隣の村々の出身者は、所定の場所までヘリコプターまたは自動車で移動する。

ちなみに今日までに、これらの現場で育った多くの現地の人たちが、シェブロン社のインターナショナルスタッフとして、世界各地において重要なポジションで活躍していることを申し添える。

現場において最も驚異的なことは、自然の豊かさである。その代表的なものは昆虫である。特に二四時間操業を行っている現場では、夜間も照明をつけているため、周囲の山から虫、特に巨大な蛾が大量に集まってくる。その結果階段などには蛾が積もり積もって足の踏み場がなくなるので、夜間の作業中は、蛾には申し訳ないが、蛾の山を踏みしめて歩くことになる。

また、睡眠中は時折物音で目が覚める。明かりをつけて辺りを見回すと、日本のものの倍はあろうかという、それは大きなゴキブリが何匹も徘徊しているのが目に入る。しかし、そこはこちらがよそ者である。見なかったことにして再び眠りに落ちる。

ところで、現場周辺は有名なゴクラクチョウ（パプアニューギニアの国鳥）の生息域でもある。森の中からは鳴き声が聞こえるものの、こちらは残念ながら滅多にその姿を見ることはない。

このように、パプアニューギニアの広大な熱帯雨林には、多くの貴重な動植物が生息している。また、ここではまだ多くの人びとが伝統的生活を営んでいるため、事業遂行にあたっては世界的な自然環境保護団体（ＷＷＦ）の協力を仰ぎ、住民の医療、生活環境の改善、伝統および環境の保全に充分な注意が払われているのは言うまでもない。

●パプアニューギニア初のＬＮＧプロジェクト

ＬＮＧって？

ＬＮＧ（液化天然ガス）といっても、あまり馴染みのない方がほとんどだと思う。ちなみに、私の家族に聞いてみたが、まったくぴんと来ていない様子であった。いかに私の家族が私の仕事に関心がないかの証左でもあるので、お恥ずかしい限りであるが、おそらく一般的にもこんな感じであろうと想像する。

ちょっと講義調になってしまうが、これからＬＮＧプロジェクトについて書きたいと思っているので、ＬＮＧについてできるだけわかりやすく説明してみたい。

簡単に言えば、常温では気体である天然ガスを冷やして液体にしたものがＬＮＧである。冷やすといっても、これがそう簡単ではない。水は、摂氏一〇〇度で気体になり、摂氏〇度まで冷やせば、固体（氷）になり、常温では液体であるが、天然ガスはちょっとやそっと冷やしただけでは液体にならない。

では、何度まで冷やせばいいのかというと、摂氏マイナス一六二度である。調べてみると、日本の最低気温の記録は、一九〇二年の北海道旭川市のマイナス四一・〇度である。世界記録は、一九八三年に南極のボストーク基地（ロシアの南極観測基地）で記録されたマイナス八九・二度である。ちなみに、家庭用冷蔵庫の冷凍室の温度はマイナス二〇度程度、業務用でもマイナス三〇度から五〇度とのことである。つまりマイナス一六二度というのは、自然界では絶対にありえない極低温なのである。

ここまでの極低温まで冷やすには特殊な、また特殊であるがゆえに高価な、冷却装置が必要となる。なぜお金と手間暇をかけて、わざわざ天然ガスを液体にするかというと、天然ガスは液化すると、その体積が六〇〇分の一になるからである。つまり、効率よく輸送できるようになるのである。ついでに、ＬＮＧをどうやって輸送するかというと、ＬＮＧタンカーと呼ばれる、これまた特殊な船で輸送する。例えて言えば、船に積んだ巨大な魔法瓶にＬＮＧを入れて、できるだけ温まらないようにして消費地まで運ぶのである。ちなみにLNGタンカーも非常に高価である。消費地では、やはり巨大な魔法瓶のような専用タンクに貯蔵し、利用前に今度は温めて気体に戻すことになる。

LNGは主に火力発電用の燃料と都市ガスの原料として使用される。従って、主な輸入者は、電力会社とガス会社である。全国平均で言うと、家庭で使っている電気の約四分の一は、LNGを燃料として作られたものであり、都市ガスはほぼ全てがLNGを原料としている。LNGは、けっこう身近なエネルギーだということがおわかりいただけただろうか。

さらに講義調になるのをお許し願いたいが、日本のエネルギー自給率は約四%と極めて低い。天然ガスの自給率も三%ほどである。当然残りは海外からの輸入に頼ることになる。おまけに日本は島国であり、船で運んで来る以外の選択肢がない。よって、LNGは日本にとって非常に重要なエネルギーである。参考まで、食料でさえその自給率は約四〇%と言われている。

日本はこれまでも、一九六九年から輸入が開始された米国アラスカ州からのLNGを皮切りにインドネシア、マレーシア、オーストラリア、カタールなど多くの天然ガス生産国からLNGの形で天然ガスを輸入し続けている。パプアニューギニアが、この日本にとって極めて重要なエネルギーであるLNGの供給国の一員となる日もそう遠くないのである。

天然ガス商業化へのチャレンジ――パイプラインからLNGへ

前述のとおり、パプアニューギニアにおける原油の生産は、一九九二年から、当社も関与しているクツブ油田で始まり、現在も生産を続けている。原油だけでなく、天然ガス資源も存在していることは以前より知られていたが、天然ガスは商業化にお金がかかるため、なかなか具体化しないでいた。

そんな中、一九九六年に当時のオペレータであったシェブロン社がパプアニューギニアの天然ガスを、総延長約三二〇〇キロメートル（うち海底部分が約五〇〇キロメートル）のパイプラインを敷設し、気体のままでオーストラリアに輸送し販売するという壮大なプロジェクトを提案した。札幌から那覇の直線距離が約二四〇〇キロメートルであるので、いかに長大なパイプラインかおわかりいただけよう。たしかに世界地図をよく見てみると、パプアニューギニア南部とオーストラリアの北端であるヨーク岬半島の間の海底部分の距離は五〇〇キロメートルほどで、それほど遠くはないが、いずれにしても壮大なプロジェクトであることにはちがいない。

ちなみに、ニューギニア島は太古においてはオーストラリア大陸の一部であり、その後地殻変動により分離されたと言われている。たしかにパプアニューギニアには木登りカンガルーやワラビーなど、オーストラリア同様有袋類が生息している。

このパイプライン・プロジェクトは、パプアニューギニア政府の支持も得て、二〇〇一年にオペレータがシェブロン社から同じく米国のエクソンモービル社（これも巨大国際石油資本の一社）に代わっても検討が続けられた。

二〇〇六年、オーストラリアへのパイプライン・プロジェクトは検討の最終段階の一歩手前まで進み、いよいよ次のステップは事業化に向けての最後の詰めというところまで来ていた。同年の夏のある日、エクソンモービル社から連絡があった。何と、エクソンモービル社内での検討の結果、パイプライン・プロジェクトは経済性が確保できないため中止するというのである。何の前触れもなく突然の中止の連絡であり、関係者一同仰天したのを覚えている。

その後、エクソンモービル社の判断に納得がいかない他のオーストラリアやパプアニューギニアの参加企業の代表とともに、エクソンモービル社の本拠地であるアメリカ合衆国ヒューストンに乗り込み、翻意させるべく直談判を試みたが、経済性が確保できない以上中止せざるをえない、の一点張りで取り付く島もない。

こうして年明けの二〇〇七年一月に、パイプライン・プロジェクトは正式に中止が決定した。天然ガス資源の商業化は、宙に浮いてしまったのである。代替案を皆で考えようということになったが、どうにも力が入らない。

一方、エクソンモービル社は、パイプライン・プロジェクトの中止決定と同時に、代替案としてLNG（液化天然ガス）プロジェクト化の可能性を言ってきた。今度はパプアニューギニアの天然ガス資源を活用し、LNGプロジェクトを立ち上げようというのである。素人考えでも（我々は決して素人ではないが）、パプアニューギニアの天然ガス資源を取り巻く状況を考えると、大量の天然ガスと莫大な資金を必要とするLNGプロジェクトが成立するとは、にわかには信じられなかった。また、パイプライン・プロジェクトの一件でエクソンモービル社への不信感が募っていた参加企業各社の間には、再びエクソンモービル社に振り回されるのはご免だという空気もあった。

●ＬＮＧプロジェクトの本格化——エクソンモービル社の突進力＋オイルサーチ社の経験

プロジェクトを中止する判断も早いが、推進するときの馬力もそれと同じかそれ以上である。エクソンモービル社は着々とＬＮＧプロジェクトの予備検討を進めていく。

この間ここには書ききれない（書けない）ような紆余曲折があったが、二〇〇七年四月、ＬＮＧプロジェクトの本格的な検討作業に着手することになり、現在に至っている。今振り返ってみると、オペレータのエクソンモービル社の強引ともいえる突進力があればこそ、ここまで漕ぎ着けたのだと実感できる。

パプアニューギニアが部族中心の社会であることは、前にも触れたが、このことが原油プロジェクト同様、ＬＮＧプロジェクトの推進にも大きな影響を及ぼすこととなる。ガスが産出される鉱区は、パプアニューギニア中央部の山岳地帯の「ハイランド（高地）」と呼ばれる地域の南部にある。当然鉱区内や周辺には、複数の部族が住んでいる。また、鉱区から海岸までの天然ガスを輸送するパイプライン（全長約三〇〇キロメートル）もいろいろな部族の居住地を通ることになる。

パプアニューギニアでは、同国の国民であるまえに自分の所属する部族の一員であることが優先するらしい。従って部族の長は部族への利益をなるべく大きくすることを考える。プロジェクトを円滑に進めるためには、関係する無数の部族に「相応の」利益を「公平に」分配することが必須である。この交渉が、想像を超えて難問である。まず、戸籍や住民票のようなものが存在しないので、

図　LNGプロジェクト

山岳地帯にある油ガス田で生産された天然ガスは、前処理の後約300キロメートルの陸上パイプライン（新設）でコピ近くの海岸まで輸送され、そこからさらに約450キロメートルの海底パイプライン（新設）でポートモレスビー近郊に建設されるＬＮＧ（液化天然ガス）プラントまで輸送される。ＬＮＧプラント（生産能力年産660万トン）で液化された天然ガスは、ＬＮＧタンカーに積載され、日本はじめ消費国まで海上輸送される。消費国でＬＮＧは再気化され、天然ガスとして利用される。

どこにどんな部族がいるところまでは何とかわかっても、その部族に何人いるのか、などは正確にはわからない。

さらに、パプアニューギニアでは基本的に部族がちがえば話す言語がちがう。パプアニューギニアには約七〇〇以上の部族がいると言われているが、基本的には言語も同じ数だけあるということになる。おまけに、我々が日頃接触している人たちとちがって英語で事足りるということも、残念ながらほとんどない。交渉以前に意思疎通することさえ大変である。加えて、部族を代表する立場にある人たちは、我々の想像を絶するような要求をしてくる。満足しなければ、実力行使に訴えるのは当たり前である。会社の建物を取り囲まれるということは珍しくないし、実際に部族の代表に殴られたという可哀相な担当者もいた。

さすがに「全て俺にまかせろ」スタイルのエクソンモービル社も、いわゆる地元対策には大いに手を焼かされたようである。

ＬＮＧプロジェクトに、エクソンモービル社に次ぐ大きなシェアを持つ企業に、オイルサーチ社というパプアニューギニアでの石油ガス開発を生業とするパプアニューギニア企業がある。パプアニューギニア政府もこの会社の主要株主である。

この会社は一九二九年からこの国に腰をすえて八〇年間にもわたり事業を行ってきており、この国で事業を展開するうえでのノウハウには一日の長がある。エクソンモービル社も当初はオイルサーチ社の手助けなんか不要との勢いであったが、しばらく自分たちでやってみて、そのむずかしさがわかったらしく、地元対策はオイルサーチ社と協力して進めることとなった。自分の主張がまちがっているとわかったら、それを認め現実的な対応をとるところは、見習うべきかもしれない。

部族とその土地に敬意！

オイルサーチ社では、いろいろな部族出身の従業員を採用しており、対象地域によってもっとも適任な人材に担当させている。

あるとき、ポートモレスビー近郊にある液化天然ガス（ＬＮＧ）生産プラントの建設予定地を見に行こうという話になり、オイルサーチ社が手配してくれた車で現地に向かった。しばらく車が進むと、ＬＮＧ生産プラントの建設予定地ではなく、明らかにポートモレスビー空港に向かっているようだった。ドライバーに行き先を確認すると、「海岸地域出身のドライバーが空港にいるので、彼に案内させる。自分は山岳地帯出身なので、自分が海岸部へ行くと安全上よろしくない」とのことだった。空港でいったんドライバーが交代し、海岸沿いの獣道のような道なき道を激しく車に揺られながら、やっとの思いで無事、ＬＮＧ生産プラントの建設予定地に到着した。

その帰り道、再び獣道を進んでいると、突然、道路脇から二、三名の現地の若者が出てきて、車を止められた。何事かと思っていると、一瞬にしてどこから出て来たのか、数十人の現地人に車を取り囲まれた。私は車の後部座席で息を潜めて様子を見ていた。

現地人のリーダー格と思しき人間が、ドライバーと現地語で何やら言葉を交わしていた。ドライバーは会社の名前（オイルサーチ）や所属部署、電話番号などを紙に書かされていた。言葉の意味はまったくわからなかったが、明らかに、その現地人は怒っていた。私は、その様子を見て、かなりの恐怖を感じていた。その時、ドライバーとの交渉を終えたリーダー格の男は、車の窓から私の方をのぞき込み、さっきまで現地語を話していたのが嘘かと思うような、あまりにも流暢な英語で言った。「次から、俺たちの土地へ来るときには、必ずボスに話を通せ。さもなければ、うちの若い衆がお前を殺しても知らないぞ」と。おびえた私は、ただうなずくのみであった。その直後に、無事解放された。

パプアニューギニアの人たちが、土地に対してどれだけ強い執着を持っているか、またその土地のルールを守ることの重要性を身をもって思い知らされた出来事であった。

ことなきを得たひとつの理由は、オイルサーチ社がその地域の部族の言葉が話せるドライバーを我々につけてくれたことであると、私は信じている。ただ、後からわかったことだが、実際のＬＮＧ生産プラントの建設予定地は、私が「命懸け」で見学した場所ではなかった。

いずれにせよ、ＬＮＧプロジェクトに関する地元住民との交渉は、パプアニューギニア政府のイニシアチブとエクソンモービル社の強力な推進力とオイルサーチ社の経験の相乗効果により、また原油プロジェクトの際にすでに同様の交渉を経験していた部族が多かったこともあり、記録的な短期間で完了した。とは言っても、最後の交渉は一二月八日の「最終投資決定」当日の未明まで続いたのであるが。

「所変われば……」「郷に入っては……」を実感

ここであといくつか、これまでパプアニューギニアで事業を行ってきた中で、印象に残っている出来事を紹介したいと思う。

確かLNGプロジェクトの検討を開始して間もない頃だったと思うが、パプアニューギニア政府の関係省庁の人たちを一堂に集めて、プロジェクトの説明をする大きな会議をポートモレスビーのホテルで開催した時のことである。

午前九時開始とのことだったので、少し早めにと思い八時半頃に同僚とともに会議場所に向かった。指定の部屋に行くと誰もいない。場所をまちがえたのかと思ったが、そうではない。九時になるとようやく一人、二人と集まり始める。結局会議が始まったのは予定の時間を一時間ほど過ぎた一〇時前であった。皆遅れて申し訳ないという素振りもない。感心したのは、エクソンモービル社の関係者も、慣れたもので九時頃から集まり始めたことである。

これまでそれほど多くの国々の人たちと接してきたわけではないが、日本人ほど時間に正確という几帳面な国民はいないように思われる。最近では日本人が、ある意味では異常だと思い始めているくらいである。アメリカ人などは比較的時間に正確だと思うが、日本人には敵わない。もうずいぶん前にアメリカ人の取引先のグループと新幹線で東京・名古屋・大阪・広島・福岡と行脚したことがあるが、新幹線が毎回一分とたがわず予定の時刻にプラットフォームに滑り込んでくるのに、目を丸くして驚いていたのを思い出す。

時間にルーズ（これもあくまで日本人の感覚でだが）だからといって決してやる気がない訳ではない。この会議でも予定の時間では足りないほど、多くの質問や意見が出された。将来の国の経済を担うプロジェクトに関与しているんだという気概と熱意を感じる人たちが多くいた。ただ省庁間の横の連絡はあまりよくないように感じられた。もっとも、これはわが国も大差ない。

時間の話をしたついでではないが、約束を守るという概念についても、彼我の差は大きい。すぐに慣れてしまったが、約束をしても約束どおり会える確率は六〇—七〇％くらいというのが私の実感である。いわゆるドタキャンである。最初は大いに戸惑い、現地に長い人に愚痴を言うと、「ドタキャンの連絡があるだけまだましだ。何の連絡もなく現れないこともよくある」とのこと。そう言われれば、我々がお付合いをしているのが政府関係の人たちだからなのか、連絡もなしにキャンセルということは記憶にない。

何事も先進国の基準で物事が進むと考える方が悪いのである。郷に入っては郷に従えという言葉もあるではないか。我々も少し慣れてくると、どうしても会わなくてはならない人間と会うときは、事前に取得したアポがドタキャンになっても、スケジュール変更ができるように、出張予定は余裕を持って立てるようになった。それまでは、予定通りにスケジュールがこなせる前提で「きっちりとした」出張スケジュールを組み、ドタキャンになってあわててフライトの変更をしたりしていた（これがまた彼の地ではけっこう大変で、フライトの変更手続きが完了するまでに半日を要したこともある）。

パプアニューギニアの人たちの悪口ばかりを書いているように思われるかも知れないが、そうではないことをご理解願いたい。要するに「所変われば……」であり、「郷に入っては……」なのである。パプアニューギニアの人たちは、ややシャイなところはあるが、基本的にはとてもフレンドリーで人懐こい人が多い。

パプアニューギニアの強みは他にもある

一度、ある国際会議にスピーカーとして参加していたパプアニューギニアの某大臣と、ぜひ面談したいと思ったことがある。日本的な感覚では、大臣との面談ともなれば、「しかるべきルート」を通じて、しかも事前にアレンジして、それでもなかなか実現しない。その某大臣がスピーチをする会場に行き、スピーチが終わったときを見計らい、面談の申し出をした。これ自体も日本の感覚では非常識である。そうしたら、なんと某大臣は、「今は時間がないが何とか時間を作れると思うので、あとで私の携帯電話に連絡をくれ」と、自分の携帯の電話番号を教えてくれたのである。これには私も少々驚いた。日本では決してあり得ないことであろう。その後、その大臣とは無事に面談ができた。

また、パプアニューギニアとビジネスをするうえで非常にありがたいのは、（少なくとも我々が接する）人たちは立派な英語を話すということである。世界中には英語が通じない国や地域はごまんとある。通訳を介さずに意思疎通ができるということは非常に大きいことであり、この点は、今後パプアニューギニアが国際社会とのつながりをさらに強化していく際に大きな強みになると考えている。これは、パプアニューギニアがオーストラリアに統治されていた時期があったという歴史によるものでもあるし、驚くほどたくさんの言語グループがある部族国家であるパプアニューギニアにとっても、国家としての政治をするにあたって、共通言語が必要であったという事情もあろう。いろいろな式典に参加するたびに大いに感心するのは、大臣クラスの人たちはスピーチが非常にうまいということである。もちろん英語で、である。原稿も見ずに、ユーモアを交え、実に見事なスピーチをする。これは基本的にパプアニューギニアの人たちがおしゃべり好きだということもあろう。ちょっと一言といいながら、時にとても長いスピーチになるのが玉に瑕だが。

パプアニューギニアのエネルギーが日本へ

さて、ＬＮＧプロジェクトの話に戻るが、ＬＮＧプロジェクトを実現するための重要な要素として、マーケット（買い手）の確保がある。原油は、すでに確立された巨大なマーケットが存在し、極論すれば、原油は生産さえすれば必ず買い手は見つかる。すなわち原油プロジェクトを開始するにあたり、事前にマーケットを確保する必要はないのである。

一方、ＬＮＧプロジェクトの場合はいささか事情が異なる。ＬＮＧプロジェクトが膨大な資金を必要とするということは述べたが、具体的には最近のＬＮＧプロジェクトは一兆円以上という眩暈のしそうなお金が必要であることが一点。もう一点は、原油とちがい、ＬＮＧは利用する側でも高価で特殊な装置を必要とするため、買い手の数が限定されているということである。取りあえず生産を始め、買い手は後で見つけよう、という訳にはいかないのである。

エクソンモービル社を中心に買い手探しが始まった。パプアニューギニア液化天然ガスプロジェクトの唯一の日本企業、ましてや日本へエネルギーを供給することが使命である新日本石油開発としては、何とかパプアニューギニアのLNGを日本へという強い思いがあった。頻繁に開催される参加企業間の会議において、日本のLNGマーケットに関するプレゼンテーションを実施したりして、地道に働きかけを行った。そのかいもあって、パプアニューギニアで生産されるLNGのちょうど半分の三三〇万トンが日本の電力会社（東京電力）とガス会社（大阪ガス）に販売されることとなった。これは、現在の日本のLNG総輸入量の約五％にあたる。パプアニューギニアと日本を往復するLNGタンカーが、両国の新たな架け橋となる日が待ちきれない気持ちである。

最後になるが、本稿を執筆するにあたり、新日本石油開発事業2部でパプアニューギニアを担当している山岸保雄君、パプアニューギニア駐在経験のある探鉱部の中村俊裕君他多くの方の協力を得た。この場を借りて感謝したい。

III 日本人とパプアニューギニア人

第9章　山奥の子供たちのためにテレビ教材を開発

伊藤　明徳

ＪＩＣＡ遠隔教育アドバイザーとしてパプアニューギニア教育省カリキュラム開発評価局で現地指導に従事。アイ・シー・ネット（株）教育メディアコンサルタント

●パプアニューギニアと私のつながり

二〇〇九年、私がパプアニューギニアで国際協力の仕事を始めてから、一六年目の年となる。

一九九〇年から四年間、青年海外協力隊員として、標高一六〇〇メートルの東ハイランド州、ゴロカにある観光文化省ビデオ・写真学校で活動した。この時の体験と経験が私をパプアニューギニアと国際協力の魅力に引き込んだ。パプアニューギニアには、多種多様な人種と文化があり、同国政府は、自国の貴重な文化の記録と観光の促進を進めていた。赴任した学校では、そのためのカメラマン、ビデオ番組制作者の育成を行っていた。私は、番組制作のインストラクターとして職員と生徒への指導、職員が行うパプアニューギニア文化の記録番組制作の支援を行った。このような仕

事柄、私は、パプアニューギニア人のカウンターパート（同僚）と一緒に、各州の村で行われる珍しい伝統的な冠婚葬祭やイニシエーション（成人式）に立ち会い、その美しく、奇妙な文化をまのあたりにすることができた。

一九九三年には、南太平洋州芸術祭（South Pacific Art Festival　四年ごとに南太平洋州の国で行われる芸術祭。伝統文化、ドラマ、民芸品が紹介される）がクック諸島で行われた。職員が撮影チームとして、お祭りの撮影を行った。私もその撮影にも同行した。お祭りでは、メラネシア、ポリネシア、ミクロネシア*のちがう文化を比較することができた。

＊「メラネシア」は黒い人びとが住む島々の意味で、パプアニューギニア、ソロモン、フィジー、バヌアツなど。「ポリネシア」は多くの島々の意味で、ハワイ、ニュージーランド、イースター島を結んだ三角形の中にある島々。「ミクロネシア」は小さな島々の意味で、パラオ、ミクロネシア連邦、ナウル、マーシャル諸島など。

美しく華やかなポリネシアの踊りも楽しかったが、抜群に伝統を残し多様な踊りを持つパプアニューギニア文化は、さらに私をパプアニューギニア好きにした。

私がパプアニューギニアを愛することになったもう一つの理由は、人びとの温かさと素直さである。私が接しているこの地の人びとは、感情の起伏に富み、喜怒哀楽が激しい。うれしい時は、顔がとろけているような喜びの表情を見せ、お葬式では、転げ回り悲しさを表現する。また、素直で裏表が少ないので、付き合いやすい人たちだ。私もこの地に長く暮らして、パプアニューギニア化し、感情の表現も豊かになったと思う。

私と仕事を行うカウンターパート（同僚）は、日本から来た若い私を実の兄弟のように接してくれた。特に仲のよかった同僚のイギ、バイク、チャールズは今も私を「ブラター（兄弟）」（英語のbrother）と呼んで付き合ってくれている。また、日本人ということで、戦争当時の話や、最新の日本の技術の話など悲しい歴史とともに尊敬の念で付き合ってくれた。

番組制作の仕事は、夜遅くまで続くことが多かった。それでも、納得のいく番組作りのための共同作業は楽しく、カウンターパートの技術が向上していくこと（技術移転）を実感した。私自身もよい活動をするために勉強し、教え方の技術や私の専門知識も深めた。自分の技術や知識が彼らの役に立ち必要とされることがうれしかった。

私生活では、運動好きな私は、地元のスポーツチーム（ソフトボール、バスケットボール、サッカー）に入り、夕方、週末と仲間たちとスポーツを通した楽しい時間を過ごした。彼らの家に招待されることも多く、パプアニューギニア料理を堪能し、いろいろな話を聞き、私も日本のこと、家族のことを話した。

私は、出張と休みを利用していろいろな州の村の生活を体験した。私は、自然の雄大さと美しさを体験した。森の深さ、満点の星、海の色の多さ、金色に輝く朝夕の光景、火山の活動、そしてそこで過ごす美しい人びと。私は長野県出身で、小さい頃から自然の中で育った。自然の雄大さや美しさを知っていたつもりだったが、パプアニューギニアの自然は、それを上回る雄大さ。まさに、最後の楽園、宝島。私はこの地の生活を通して、自然の中、地球の上に生きていることを実感した。

「大きい貝」

海外に住むとカルチャーショックを受けるという。今でも忘れられない最初のカルチャーショックを紹介したい。モロベ州のアラモット島に行った時のこと、ホームステイした親に何が食べたいか聞かれ、すぐに大好物の貝が食べたいと答えた。醤油を準備していたので、焼いて食べたら旨いなと考えた。

「大きい貝かそれとも小さい貝か」と聞かれ、大きなハマグリがいいだろうと思い、「大きい貝」と答えた。一〇分後に採れたと持ってきてくれた貝は、両手で抱えるほどの横幅五〇センチ、重さ一〇キロはあるシャコ貝であった。それを見て、唖然とし、笑ってしまった。所変われば価値観が変わる。まさに。私の考えていた六センチくらいの「大きな貝」は、私の価値観であった。

この体験は、私がパプアニューギニアで暮らすことや、協力活動に役に立っている。彼らには彼らの価値観がある。私と同じと考えてはいけない。

●文化無償資金機材供与によりカウンターパートの意欲が大向上

一九九六年から二〇〇〇年まで、私は、教育省カリキュラム開発局のテレビ・ラジオ課にＪＩＣＡ（当時、国際協力事業団。二〇〇三年以降は独立行政法人国際協力機構）のシニア協力隊員（協力隊ＯＢを対象とする派遣制度により派遣されたもので、その制度は、現在の四〇歳以上を対象とするシニア海外ボランティアとはちがった制度である）として赴任した。

この当時、教育省は学校教育におけるラジオ番組活用に加え、テレビ番組活用を進めていた。中学校（七年生―一〇年生）を対象とした理科番組が制作され、ビデオテープによる配布が細々と進んでいた。小学校は、電気がなく、テレビもビデオ再生機もない状態であり、ラジオ番組は小学校、テレビ番組は中学校という区別がされていた。日本政府は、教育省の政策にそったテレビ番組制作機材供与の要望を受け、一九九七年に文化無償資金協力による機材供与を行った。

この当時、テレビ・ラジオ課には、九人の職員がおり、これらカウンターパートたちに対して、私は、ラジオ番組制作指導ならびに、供与機材を効果的に使った質の高いテレビ番組制作の指導にあたった。指導の形態は、業務の中で一緒に仕事をしながら、彼らの仕事の様子を見て助言をする方法をとった。

パプアニューギニア側のカウンターパートのグラン、マーロンはとても仕事熱心で、番組制作に熱中するクリエーターたちだった。供与機材が入る前は、古い機材ながらも、私が教えた機材活用や撮影、編集の技術で番組が変わっていくことを楽しみながら仕事をしていた。新機材が設置されて以降は、カウンターパートの番組制作に対する意欲が二、三倍に高くなった。

供与された機材は、日本のテレビ番組制作の現場で使用されている機材で、タイムコードを使った編集が可能で、編集データを使いながら、編集を何回も自動で繰り返すことができた。それまでは、大変手間暇を掛けた作業で番組を制作していた。作った番組の画像の質が悪く放送するには問

スタッフとの打ち合わせ。左から２番目が筆者

題があった。

　ビデオカメラも、当時の最新のカメラが入り、Ｓ－ＶＨＳの民生用カメラとはちがい、使い勝手がよく、カメラマンのイメージ通りの画像を撮影することができた。作業効率が上がり、画像がとにかく美しい。機材供与に合わせて改築されたスタジオもメンバーの仕事への意識と意欲を高めた。カウンターパートのみならず、私も興奮していた一人であった。

　しかし、最新の機材であったので、私も全て機能を使いこなせるわけもなく、取り扱い説明書と首っ引きで、試行錯誤を繰り返した。カウンターパートと編集時には、もっと簡単な操作方法があるはずだとさまざまなやり方を試しては、最良と思われる方法を見つけていった。自分で行う試みがカウンターパートの機材取り扱い技術を高めた。

●パプアニューギニアの発展を遅らせたコントラクター

この間に、われわれの使命たる「技術移転」について、私には一つの思いが募った。テレビ部門長は、教育省との契約社員であるアメリカ人のコントラクターだった。私は、つねづね、彼の仕事のやり方がおかしい、と感じていた。コントラクターである彼の業務は、番組運営、制作をカウンターパートに指導してテレビ部門長に育てることである。しかし、彼がやったことと言えば、全ての業務を取り仕切り、パプアニューギニア人のカウンターパートを自分の助手扱いにした。彼には技術移転をするつもりはさらさらなく、自分の実績作りに専念していた。「カウンターパートたちは、何もできない、だから、私が部門長を続ける」、私にはこう思えた。

他の省庁の様子を聞いても、やはりコントラクターは同様であった。パプアニューギニアで働くコントラクターたちは、本来、パプアニューギニアの人びとがつくべきポジションに居座り、技術移転をせず、長く仕事をすることを考えている。教えたら、追い出されるからだ。

私が職場の状況を理解してから少しずつ状況を変えていった。まず、パプアニューギニア側のカウンターパート主体で徹底的に技術指導した。カウンターパートたち自身がカメラを持ち、彼らがスクリプトを書き、編集をする。保健衛生番組「村を変える」は、私とカウンターパートの記念すべき番組である。カウンターパートがディレクターになり番組を制作した。関係者をまきこみ、意見を共有し共同で制作することを心がけた。部門長は、私たちにはよい番組はできないと考えていたと思う。カリキュラム開発局で行われた試写会では、高い評価を得ることができた。助言があれば、カウンターパートもよい番組を作れることを証明したのだ。

この出来事がきっかけとなり、部門長の契約更新は行われず、カウンターパートのポール氏がテレビ・ラジオ部門長につくことになった。二〇〇〇年頃から政府はコントラクターを減らし始め、必要とされるコントラクターは、ドナー（援助国）が派遣するアドバイザーとして雇用され、パプアニューギニア人のポジションにつかずに配置されるようになった。

私は、パプアニューギニアの発展が大きく遅れた要因の一つは、政府の重要なポジションに外国人コントラクターが長く居座り、自分たちの高い給与とポジションのために、パプアニューギニア人に何も指導しなかったことであると考えている。その意味でも、私のやりたいことは「技術移転」、カウンターパートへ私の持つ知識や技術を移してさらに、彼らが自分自身で活動を行っていく力を培うことだ。ＪＩＣＡが行っている、技術移転における専門家や協力隊員の派遣は、人から人への活動であるという意味で意義は大きく、私はやりがいを感じている。

●教育改革とカリキュラム改定

ここでは、現在日本政府が行っている遠隔教育（放送教育）の支援と関連する教育課題について説明したい。パプアニューギニアを発展させるためには何が必要かと、パプアニューギニアの人びとや援助関係者に聞くと、誰もが教育と答える。パプアニューギニア政府は二〇〇五年に策定した中期開発戦略の中で基礎教育を重点項目に決めている。一九九〇年に入り、同政府は、就学率の向

マウントハーゲンの通学の児童

上「万人のための教育」を推し進めるために、教育改革を実施した。

課題は児童のドロップアウト（中途退学）を防ぐことだ。たとえば一九八二年では、入学した児童が二年生になる時に約一七％がドロップアウトした。理由は、まず学費の問題がある。二〇〇九年時点で正式な無償教育は始まっていない。親は教育の責任を持ち、従って学費を払わなければならない。加えて、小学校が村から離れた場所にあることが挙げられる。小学生が二時間以上の時間をかけて通学する地域もある。

政府は、各村にエレメンタリー学校（修学前、一学年、二学年）を作り、児童が楽に通学できるようにし、英語で行われていた授業をその村の言葉に変更した。村の言葉だから、楽しく学べる。また、政府は六年間の基礎教育（一学年から六学年）を八年間に延ばした（日本の中学二年まで）。

旧制度では、小学校六年から中学に進学するためには、中学校数が少ないので、六学年終了時に行われる全国試験で選抜された児童が進学していた。それを新制度では、エレメンタリー学校（修学前、一学年、二学年）とプフイマリー学校（三学年から八学年）を作り三学年から八学年までの一貫教育とした。

教育省は、教育の質の改革にも着手し、これまで長く使われてきた、欧米・オーストラリア流のアカデミック中心のカリキュラムの改定に着手した。児童がパプアニューギニアの文化、言葉を尊重し、生きていくための知識、技術、姿勢を身につける、児童中心のカリキュラムを策定した。村の言葉を守り、文化を尊重するカリキュラムも取り入れた。

二〇〇三年から新カリキュラムが施行された。急激な変化の中で、プライマリー学校の教員は、中学校の教員が教えていた七、八学年の教科内容を教えることになった。その結果、まちがって教えたり、苦手な単元を飛ばしたり、教科書を板書するだけの教師が多くなった。また、七、八学年の全教科を一人の教師が新しい教授法を使って教えなければならなくなった。しかも、新カリキュラムに対応した教科書はなく、参考教材も少ないという状況であった。必要とされる教員研修は、研修所の不足、高い旅費の問題から十分には実施されていない。

教育省は、カリキュラム改定実施のために、教員研修を実施し、児童、教員用の新教材を制作し、配布する必要にせまられた。この課題解決のために教育省は、テレビを活用した遠隔教育（放送教育）の実施を決めた。

●国立教育メディアセンターと遠隔教育プロジェクト

首都のポートモレスビーや各州都では、週末には人があふれ、なんと人が多い国だろうと感じるが、じつは、首都や州都から離れた場所に人口のほとんどの人が住んでいる。八七％が村に生活しているというデータもある（二〇〇〇年国勢調査で、都市人口六八万六三〇一名、地方人口四五〇万四四八五名）。車が走る道がない山奥や草原の中、川で分断された地域、小さな島にも人びとが住んでいる。そんな地方にも小さな学校が点在し授業は行われているのだ。

教育省は、こうした地方においても質の高い教育が実践されるように、一九六〇年代からラジオを活用してきた。教育番組は、多くの先生が苦手としている理科や英語をはじめ、各州伝統文化の紹介、ニュースなどの小学校向けの番組が制作され、国立ラジオ局から放送されてきた。テレビも、中学校向け理科シリーズ、社会シリーズ、保健、ガイダンス番組が制作され、ビデオテープによる配布が行われてきた。

一九九八年頃に、教育省は、カリキュラム改革に対応した質の高いラジオとテレビ番組制作のために、日本政府に無償資金協力による国立教育メディアセンター建設を要請した。メディアセンターは二〇〇一年に完成した。ラジオスタジオが一新され、ラジオ編集室、テレビ編集室が整った。

開館式は、一〇〇名以上の来客のもと盛大に行われた。サイラス・アトパレ・パプアニューギニア総督、ジョン・ワイコ教育大臣、田中辰夫パプアニューギニア駐在日本大使がテープカットを行った。前日、メディアセンター職員がお祭りのように、皆で歌を歌いながら飾りつけをしている姿からは、新しいセンターの完成の喜びと、「これからやるぞ！」という熱い思いが感じられた。私は、この年から現在まで、メディアセンターで遠隔教育実践と教育セクター支援のＪＩＣＡ専門家として活動をしている。

私は、赴任してから、ラジオ番組制作指導とあわせて、テレビ番組を使った遠隔教育プロジェクトを、カウンターパートであるメディアセンター長のポール氏と番組プロデューサーのハチ氏で進めた。

テレビ番組に焦点を絞った理由であるが、友人とその小学校三年生の息子と私でポートモレスビー郊外に出かけた時のこと。道の脇にいた馬を見たその子供が、「うわー、すごい大きな犬だ！」と叫んだ。ハイランドハイウェイ（高地縦貫道）を走っていたバスからダムと湖が見えてきた。その湖を見て、高学年の子供たちが「うわー、海だ！」と大はしゃぎ。州政府が設置したテレビで児童が初めて車を見た時、「家が動いている！」と叫んだ。一方、ラジオ番組でライオンの話が出た時に、児童は、ライオンが想像できなかったという。

こんな現場をまのあたりにし、地方では（首都ポートモレスビーでもそうであるが）想像以上に情報が少ないことを痛感していた。地方では教科書も少なく、参考資料、図書館もない。修学旅行もなく児童は狭い村の世界が全てと言ってよい。

東セピック州のウォケオ島のプライマリー学校に行った時は、ボートで六時間かかった。教師は、半月に一回だけ州都の町ウェワクに銀行と買い出しに行く。児童たちはめったに町には行かない

テレビを活用する学校

という。町の様子を知らない児童がいると教師が言っていた。

教師の知識もけっして豊富とはいえない。たとえばハイランド（高地）地域で育った教師は、海を知らない。その教師に満潮・干潮の授業ができるだろうか。

極端に情報が少ない状況では、読むこと、聞くこと以上に、百聞は一見にしかず、映像を使った教育は効果が高いはずだ。パプアニューギニアはテレビの普及率は低いが、学校に一台テレビがあれば皆で学習できる。地上波テレビ電波の受信地域は狭いが、衛星受信機材を使えばどの場所でも番組は受信可能だ。電気は、発電機と燃料の確保が可能であればよい。太陽光発電ならば電気代は必要がない。

番組の制作方法も研究した。学校は、教員が教科内容の理解を深め、新しい授業方法を紹介する番組、児童用の学習を促す参考映像番組を必要としている。これらの番組制作方法を考えた。当時、タイで行われている、ライノの授業を撮影し配信している遠隔教育プロジェクトを知った。

教科や教授法の専門家のもとで、正しい教科内容と新しい授業方法を取り入れたモデルとなる授業を撮影・編集し配信することにより、番組を利用する教師は、年間を通して、正しい教科知識や新しい授業方法を学ぶことが可能だ。児童も興味深い映像を見て学べる。理科実験の例も紹介できる。

教育省は、二〇〇一年より「ライブ放送パイロットプロジェクト」を開始した。二〇〇二年から二年六ヵ月間、教育省プロジェクトを補強する形で、日本のＪＩＣＡ、ソニー株式会社支援による開発パートナー事業「ライブ放送を利用した遠隔教育プロジェクト」が実施された。

教育省は、これらのプロジェクト実績を踏まえて、二〇〇五年に国家教育計画を策定した際に、公式にテレビ番組を活用して、教員研修、生徒支援を計画に取り入れた。二〇〇五年から二〇〇八年までプライマリー学校を対象として、テレビ番組を活用した現職教員研修のための「テレビ番組による授業改善計画プロジェクト」が実施された。プロジェクトでは、カウンターパートへの遠隔教育運営、実施技術の指導とテレビ番組制作に加えて、番組利用を効果的にする教師と児童向け教材の作成、機材維持管理、コミュニティーのオーナーシップを高める啓発活動を実施した。

プロジェクト終了の頃には、番組を利用している学校、カウンターパートたち、教育省に変化がおこった。地方の教員は、この番組を利用して自分たちで授業を行うのと同時に、新しい教科知識や指導法、生徒への接し方などを吸収し、自己の能力開発につなげた。また、児童たちは、授業を楽しみにしており、出席率や授業参加の態度、理解度が向上するという効果が表れた。

地方では、男尊女卑の文化が強く残っている。以前は、男子児童と女子児童が別かれて学習していたが、番組利用により彼らが一緒に学習活動するようになってきたと教師はいう。テレビを継続して利用するには、テレビやアンテナ、発電機のメンテナンス費用や燃料費が必要である。多くの学校は、週末にコミュニティーにテレビを開放したり、コミュニティーが協力して募金活動を行い修理代や燃料費を集めている。学校とコミュニティーがオーナーシップを持ち、テレビの利用を進めている。

二〇〇一年には何もなかった状況から、ここまでの結果を出せた一番の功労者は、なんと言ってもメディアセンターのカウンターパートたち、それに教育省の幹部たちの理解だ。年間二〇〇本の番組や教材を制作するには、番組技術者やモデル授業を行う教師たちのプレッシャーは大変なものだ。番組制作の他にも機材維持管理の指導や教材作成の仕事も行う。カウンターパートは、仕事が締め切りに追われ作業が夜間に及ぶこともあり、大変だった。それでも皆、毎日こつこつ仕事を続けた。それは、研修やプロジェクト活動を通して、彼らの中に仕事に対する自信と責任、仕事に対する誇り、オーナーシップが育ったからだと思う。

教育省幹部も、カウンターパートに温かい励ましのエールを送ってくれた。待遇の改善もしてくれた。カウンターパートは、私たちの誇りであり、教育省の宝である。拍手を送りたい。私たち専

メディアセンター

門家は、彼らのニーズを考えて指導を行う。全て手取り足取りではなく、彼らの自主性を育てながら接した。コミュニケーションも十分に取れていたと思う。そうした指導にあたってきたJICA専門家たちにも感謝したい。

教育省は、プロジェクトの活動と成果を理解して、メディアセンターへの支援を強化した。二〇〇一年当時一二名であった職員も現在では、一八名に増員した。人員削減を進める政府の中では珍しいことだ。また、学校から派遣されていたモデル授業を行う教師八名のためのモデル学校を設立した。モデル学校の設立により校長、上級教員などの高いポジションが確保された。残念ながらモデル学校の校舎はないが、メディアセンターで番組ディレクター、カリキュラム職員とともに活動をしている。

日本政府の支援（ODA）で建築されたメディアセンターは、人員と作業の増加のために、廊下に作業部屋と会議室を作り、物置も職員の部屋にするなど、フル稼働以上の活用状況である。開館以来、埃を防ぎ機材がよい環境で使われるように、館内の土足厳禁を実施している。八年経った今も館内は、清潔に使われ、メンテナンスも定期的に行われている。適切な運営ができるセンター長も育っている。メディアセンターは、誇るに足る無償資金協力案件のモデルである。

●国際協力・信頼の構築・ネットワークづくり

私は、大学卒業後も、中学校教員をめざして大学に残り、教職課程や社会教育主事課程を学んでいた。昼間は、ビデオ関連の仕事や他のアルバイトをして夜、大学に通っていた。そのころ、青年海外協力隊の活動を知り、将来先生になった時に、海外協力隊員の経験が教師としての視野を広げるにちがいないと考え、教員免許取得後に海外協力隊に参加した。

初めて赴任した時は、若く実務経験が少なかったが、派遣前の協力隊補完研修や、現地での先輩隊員からの支援やアドバイス、現場での自主学習、帰国時の研修でどん欲に必要な知識を学んだ。私が今、ＪＩＣＡの専門家として活動ができるのは、現場で必要とされる技術で私になにが足りないかを考えて、すぐに学ぶという行動を身につけたからであり、一時帰国時の研修を温かく支援してくれたＪＩＣＡ職員の方がた、さらには研修や仕事で面倒を見てくれた先輩方のおかげである。特に、ソニーの国際協力部（現在は、Ｂ２Ｂソリューション事業本部マーケティング部門国際協力部）の講師の皆さんは私の恩師である。

多くの大学の研究者からも支援をいただいた。私たちＪＩＣＡ専門家は、現地で高いレベルの支援や助言を望まれている。国際協力の仕事は一人では限界がある。しかし、熱意と信頼から生まれたすばらしい人間関係とネットワークは、たくさんの事例を共有しアイデアを生む。私が所属する開発コンサルタント会社、アイ・シー・ネット株式会社の同僚も頼もしい私の力だ。私たちは、現地のみならず、日本人や海外で活躍する専門家との信頼関係と連携を作ることが大切であると思う。

先日、東セピック州のマプリックからウェワクに戻るハイウェイを車で走った。夕方で、道の脇を家族が畑から帰る風景は大変美しかった。と、その時、野菜の入ったとても重そうな大きなビルム（木の皮を結ったヒモや、毛糸、ビニールのヒモを使って編む手作りの袋。野菜を入れたり、赤ちゃんを入れたりする）を背中に背負い必死に歩いているお母さんの姿が目に飛び込んだ。その後ろには八歳くらいの女の子がやはり薪を入れたビルムを背負っている。ところがお父さんはというと、ブッシュナイフを片手にひょうひょうと先頭を歩いているではないか。この光景を見たときに、涙があふれてきた。これが現実だ。先ほど訪ねた学校では、テレビ授業を通して、男女が一緒に作業できるようになった、と先生がうれしそうに話してくれたばかりだ。きっとこの子供たちが大人になった時には、お父さんとお母さんが協力して暮らしているにちがいない。

私は、縁がありパプアニューギニアに長く滞在し教育の支援に携わることができた。長く滞在することで、パプアニューギニア社会や教育の問題点もよく見えてくる。そんな中で、私やカウンターパートが行っている活動は、少しずつであるが、パプアニューギニアの人びとが豊かに平和に暮らすための国造りの役割を果たしていると思う。私が必要とされ、機会がある限り、活動を続けて行きたい。そして、近い将来、私たち外国人、海外の国の助けがなくてもパプアニューギニアの人びとが国造りを進める日が来ると信じている。

第10章　パプアニューギニア人研究者が見た日本と日本人

ウィリアム・トンガム

William Tongamp　パプアニューギニアの山村に育ち、パプアニューギニア工科大学鉱山学部を卒業後、日本に留学。東北大学大学院で工学博士号を取得し、現在、秋田大学工学資源学部でポストドクター研究員。

私は貧しい国から日本に来て、トップレベルの大学を卒業し、現在、日本の大学で資源リサイクルについて日々研究を行っている。家族（妻と子供四人）も日本に住んでおり、みな健康で楽しい毎日を送っている。私が日本で多くのことを学べるのは、きっかけを与え、日本に来ることを心から応援してくれた母と、その機会を与えてくれた日本政府のおかげだと思っている。この場を借りて、両者に感謝の意を表したい。本当にありがとう。

私は現在、三六歳であるが、これまでの人生を振り返えりつつ、これからの夢を語ってみたいと思う。

●日本との最初の出会い

私は幼少時、電気も水道もないようなハイランド（高地）の、西ハイランド州の山奥の村で暮らしていた。小学校四年生だった一九八四年、私たちの村の小学校にラバウルから一人の先生が来た。先生は、世界に多くの国があり、その中にアメリカ、イギリス、ドイツ、日本などの先進国があることや、首都ポートモレスビーにあるそれらの国の大使館に手紙を書くことで、さまざまなパンフレットをもらうことができるということを教えてくれた。

私はその中でも日本に対し高い関心を抱いていた。パプアニューギニア国内を走っている車の多くは日本製のものであり、日本はすばらしい先進国であるという印象を持っていた。「どうやったらこの車が作れるのだろう」、「どこで勉強したのだろう」などの多くの疑問と関心を抱いた。この国のことをもっと知りたいという強い興味があり、一通の手紙を日本大使館に向け郵送した。手紙はもちろん、日本についての資料をくださいというものだった。この手紙は、私が生まれて初めて書いた手紙でもあり、この手紙が本当に届くのか、またどのような返事が返ってくるのかという不安と期待で、夜も眠れなかった。

手紙を出して約一ヵ月が過ぎたある日、私のもとに一冊の冊子が送られてきた。日本大使館から、日本についての資料が本当に送られてきたのだ。私は感動と興奮で、母に喜びをぶつけ、英語で書かれたその資料を何度も何度も読み返した。これが私と日本の最初の出会いである。

●母の教え

また、ちょうど同じころ、子供心に強い衝撃を与えたものに出会った。それは飛行機である。そのころ、同じクラスの親友が鉱山の町へ引っ越すこととなった。引っ越しの日、彼の家族と一緒に村を出て、マウントハーゲン空港（西ハイランド州の州都の空港）に見送りにいった。そこで初めて飛行機を見た。親友が乗った小型の飛行機である。その飛び立つ瞬間が私に強烈な衝撃を与えた。その衝撃は今でも脳裏に焼きついて忘れられない。

当時の私は好奇心が旺盛で、多くのことに興味を持っていた。資料に書かれた日本のこと、飛行機が飛び立つ瞬間のことなど、私を感動させる出来事が頻繁に起こった。これらのことを多くの人に聞いてもらいたくて、毎日毎日たくさんの人に話しかけた。

もちろん母も例外ではない。母は私の話にゆっくりうなずきながら、最後にこんな言葉を与えてくれた。「あなたが勉強をがんばれば、あなたもきっと飛行機に乗って日本にいける。だから勉強を頑張りなさい」。この言葉は今でも忘れることはできない。

生きていく上でつらいこともたくさんあったが、どんなにつらくても、この言葉を思い出し、多くの困難を乗り越えた。それくらい、日本と飛行機への興味がずっと私をひきつけ、そのためにがんばってきた。

●飛行機に乗るという夢を達成

日本についての資料をもらってから一二年間の歳月を経て、そのがんばりが報われることになった。日本への国費留学生に選ばれて日本大使館から日本留学用の航空切符をもらい、一九九六年四月、ポートモレスビーからシンガポールを経由し、ＪＡＬ（日本航空）に乗って成田の地を踏んだのである。

話はもどるが、小学校を卒業してから、村を出てマウントハーゲンの中学校に入学した。当初、生活のちがいに戸惑いを隠せなかった。私はそれまで電気、水道を使ったことがなかった。靴を履くという習慣もなく、クラスで一人だけ靴を持っていなかった。母はそんな私のために、市場《いちば》で物を売り、靴を買い与えてくれた。一九八六年六月のことだった。

中学生のころの私の生活は、一ヵ月に一回、土曜日になると、飛行機やパイロットを見るためだけに、コップ一杯の水を持って、近くの飛行場まで片道六キロメートルの道のりを歩いて通ったものだった。一九八九年、卒業時の学業成績はマウントハーゲン中学校でトップだったため、国立銀行とパプアニューギニア政府から奨学金をもらい、ラバウルの国立ケラバ高校に入学した。

マウントハーゲンからニューブリテン島のラバウルまでは一〇〇〇キロメートル以上離れていたので、飛行機を利用せざるをえなかった（これもこの高校の志望動機のひとつである）。マウントハーゲンからゴロカ、レイ、キンベを経由して、ラバウルまで行った。一九八九年一月、一六歳の時、飛行機に乗るという一つ目の目標をここで達成した。

●日本人との出会いから日本へ

高校を卒業して一九九二年、私はレイにあるパプアニューギニア工科大学鉱山学部に入学した。車や飛行機に対しての興味を失ったわけではなかったが、私は鉱山で働くことを子供のころから心に決めていた。私の親戚がパプアニューギニア工科大学の近くの鉱山で仕事をしていた。そのおじさんは私とその鉱山で一緒に暮らすことを約束してくれていた。しかし二年後、おじさんはちがう子供をつれて鉱山に行ってしまった。私はその鉱山に行くことができなかった。そのとき私は、おじさんのように大学で勉強し、鉱山関係の仕事をすると決めた。

私が工科大学に在学していた時、たまたま私たちの学科には客員教授として日本人の丸洋一先生がいた。私が実際に出会った初めての日本人だった。彼は日本のＪＩＣＡ（当時、国際協力事業団。現在、独立行政法人国際協力機構）の専門家派遣事業でパプアニューギニアに工業技術を教えに来ていたが、もともとは京都大学の講師であった。

パプアニューギニア工科大学に入っている実験装置は、ほとんどがこの丸先生が導入したものであった。私は丸先生を見た瞬間、「この人がきっと自分を日本に導いてくれる」と確信した。講義を熱心に受講するなど、専門科目を勉強する三年間、丸先生の授業で一生懸命勉強し、一九九五年に鉱山学部を卒業した。

丸先生とは話す機会も多く、よき教師であり、よき相談相手にもなってくれた。丸先生は、いつも持っていた一冊の本を私に与えてくれた。基礎化学の教科書である。この教科書は、今でも私の研究の座右の書となっている。

私の日本に対する熱意は小学校のときから変わらなかった。丸先生の講義を受けていた三年間、私は先生が教える科目のテストで常にトップを取っていた。そんなある日、丸先生から日本への留学の誘いを受けた。私はふたつ返事で日本への留学を決めた。

日本政府の日本留学生試験にも合格した。パプアニューギニアの日本大使館から多大な支援を受け、東北大学の大学院に入ることとなった。丸先生は私の日本での生活のためにと、一膳の箸をプレゼントしてくれた。

こうして、私は日本に来るという二つ目の目標が達成された。それまで導いてくれた先生に心から感謝している。

●日本での研究生活

一九九六年から東北大学で、大学院生（博士前期課程）として地質学と地球科学を勉強した。かたわら日本語も勉強し、一九九九年三月に前期課程を修了した。その後、パプアニューギニアにいったん戻り、一九九九年から二〇〇二年まで、リールとポルゲラ金鉱山で働き、二〇〇三年から二〇〇四年まで、母校でもあるパプアニューギニア工科大学で講師として働いた。

二〇〇五年には再び大学院生（博士後期課程）として東北大学に戻り、環境科学を専攻、二〇〇八年三月に後期課程を修了し、東北大学の博士号を取得した。

このように、日本に来て初めて学んだ場所は東北大学だった。齊藤文良教授のもと、多くの同級生や同僚、先輩たちにも支えられ、日本でもトップレベルの大学で、最高の学位を得ることができた。博士課程の私の研究テーマは、固体高分子化合物やバイオマスから水素エネルギーを取り出すことであった。この研究で、四報の国際論文を提出し、五つの国際学会で発表する機会を得た。また研究室では、メカノケミカルを用いた廃棄物からの金属回収や機能性材料の合成など、さまざまな研究分野にも携わることができた。

現在、私は秋田大学工学資源学部でポスドク（ポスト・ドクトラル・フェロー、博士課程修了の研究者）として、二〇〇八年四月から二〇一一年三月までの期限で研究生活を送っている。主な研究テーマとしては、銅鉱石中の不純物（砒素、アンチモン、フッ素など）の除去や高度選鉱技術の開発、低品位選鉱尾鉱や工業廃棄物に含まれる金属資源の回収技術の高効率化などである。柴山敦教授の指導のもと、忙しい合間をぬって、研究状況や現場の実情について頻繁に話し合いを行っている。日本での研究生活（二〇〇五年から二〇〇九年現在まで）の中で、都合、二〇報の国際論文を提出し、国内学会で一六回、国際学会で二二回の発表をすることができた。

二〇〇九年七月には、研究室のチームで母国パプアニューギニアの工科大学と銅鉱山を訪問し、研究討論と現場見学を行った。また、日本では企業との連携プロジェクトを行っており、多くの技術者と出会うことができ、またとない機会にめぐり合えた。

家族とともに

日本の大学は世界的にもトップレベルの知識と装置を備えているため、研究をどんどん進めることができる。私は日本に渡ることで、多くの優秀な教授、研究者にめぐり合うことができた。多くの友だちを作り、ともに苦難を乗り越え、多くのことを学び、自分を変えることができたことはとてもよい経験になった。

●私の夢

現在、日本にはパプアニューギニアから約二〇人の学生や研究生がいる。多くのパプアニューギニア人は環境を学ぶために専門学校で勉強したり、植物や鉱業を勉強するために大学生、大学院生として北は北海道、南は九州まで、全国各地で勉強している。

私の家族は、パプアニューギニア人の妻、二人の娘、二人の息子の六人で、みんながパプアニューギニア人で、現在、秋田市のアパートに一家で暮らしている。二人の娘（双子）は小学校五年生、長男は三年生として、近くの小学校に通っており、次男は幼稚園に通っている。

仙台で大学院生として生活していた頃は、文部科学省の奨学金だけで生活をしていたため、家族六人で生活するには少々厳しい生計を強いられた。しかし、そのときのアパートの大家さんは、私たちの状況を知り、とても親切にしてくれた。食べ物をお裾分けしてくれたり、アパートの家賃を値引きしてくれたりと、私たち生活のために、なにくれとなく力添えをしてくれた。また、友だちが土地を貸してくれて、そこでカボチャやサツマイモ、米などを育て、家族全員不自由することなく生活することができた。

パプアニューギニア人は、アジアの中で日本を一番尊敬しており、日本について強い関心を持っていると私は思う。パプアニューギニア国内で走っている車のほとんどは日本製の車ということもあり、多くの人びとが日本の持つ高度な技術力に強い関心を持っている。さらに日本は、パプアニューギニアで空港や道路、学校を建設するなどの援助活動をさかんに行っている。他の国もさまざまな援助活動を行っているが、人びとは、日本が最もパプアニューギニアのことを思って活動しているという印象をもっているように思う。

私は将来、パプアニューギニアに戻り、日本で得た知識を用いて母国の発展につなげたいと考えている。日本の特徴は日本独特の教育モデルにあると考えている。義務教育で九年間、しっかり勉強を教え込み、政府、先生、両親が協力して子供に勉強させることはとてもすばらしいことだと思う。

こうした教育をつうじて、日本は、時間を守り、仕事をきちんとこなし、勤勉な人材が育成されているのだと思う。私はこの教育モデルをパプアニューギニアの子供たちにも適用し、パプアニューギニアの底上げを図りたいと考えている。また、日本で知り合った友人にも、パプアニューギニアの子供たちのために継続して支援や助言をしてもらい、また自分が困ったときには自分にもアドバイスをもらいたいと考えている。

将来機会があれば、多くの有意義な時間をすごした仙台に戻り、日本の文化、食べ物にも触れ、日本とニューギニアの関係をもっと深めたいと考えている。私は最高の一〇年間を送ることができた日本に本当に感謝している。特に多くの時間を過ごした仙台は、私の第二の故郷として、生涯心に残り続けるだろう。

第11章　民に感謝される日本の「土のう」技術

福林　良典

開発途上国農村部の人々が普段利用する道やため池などを、自分達で整備・維持管理することをめざすNPO法人道普請人（みちぶしんびと）の理事として、世界各地で活動。

「土のう」で道直し

洪水時や土砂崩れなどの災害復旧時に活躍する日本の「土のう（土嚢）」。古くは古墳の構築に利用されていたという記録もある。

現在、私たちはパプアニューギニアの山間部の村の畑と幹線道路を結ぶ一本道の農道を、雨季でも極力車が通れるようにしたいと考え、村人たち自身ができる道直しの方法の技術移転活動を進めている。「土のう」を利用した道直し、である。

なぜ、「土のう」？

ある大きさの袋に適切な量の土を入れ、口部をひもでくくり地面に置き、木槌のようなもので叩いて締め固める。すると、袋に包まれ拘束されている「土」（「土のう」）がとても固くなる。これだけで十分車の重さを支えることができるのである。

そこで、農道の特にドロドロになりタイヤがはまってしまうような軟弱な箇所に、「土のう」を敷いて通行車両の重さに耐えられるような土台を構築する。

袋は決して特殊なものではない。パプアニューギニアで砂糖や米などの穀物用として利用されている、プラスチック繊維で編まれた袋を土のう袋として使う。二五キログラム用の袋が、持ち運びしやすい重さ、大きさで使い勝手がよい。

中に詰める「土」は理想的には砂利を利用するのがよい。どうしても手に入れることができないときは粘土以外であれば付近で採取される土や砂でも可能である。

つまり、パプアニューギニアの農村部でも手に入れることのできる材料で、しかも機械を使わず人力で道直しができる、ということが最大の利点である。日本の「土のう」技術が、農道整備についてパプアニューギニアにおける地産地消にかなっている。この方法を用いて村人自身が適切に道直しをすれば、雨季でも車が通れるようになるというわけである。いつ来るかもわからない政府主導の機械による道路整備を、ただ手をこまねいて待っているだけでは、なにも変わらない。

赤い口の人びと

最初の道直しは二〇〇五年、クンディアワのウィルヘルム山へ通じる道で行った。パプアニューギニア在住の日本人有志と協力隊、京都大学研究チーム（現在、ＮＰＯ法人道普請人《みちぶしんびと》として活動継続中）の手探り、体当たりでの活動が始まった。

警官を警護に呼んでいたことを村人に「失礼だ」と咎められながらも、一日に約四〇人ほどの参加者を得て三日間で約一二〇〇個の土のうを使い、約二〇〇メートルを整備した。一度作業を始めると、ものめずらしさからか、まるでお祭りのような雰囲気のなか、溝が整備されどんどん土のうが並べられていく。

人びとは時折、エネルギーの覚醒だと言いながら、ブアイを噛み赤い口をして力強く作業を進めている。

俺のアイデアだ！

クンディアワでは対象道路の舗装化工事がいよいよ始まるということもあり、ゴロカへ活動地域を移した。地元の新聞記事に出ていた、住民参加で道直しを進めている国会議員の出身県で活動を行うこととした。その議員の推薦する村を訪れたとき、まだ何もしていないというのに大歓迎を受けびっくりしたことがある。村に泊り込み、同じ物を食べ、川で水浴びをし、道直しを進めた。

その後も道や村人らの維持管理の様子を確認するため同じ村を訪れている。何の予告もなしにふらっと村を訪れたとき、ある村人が「土のう」を使って排水溝を整備していた。道直し時に利用した「土のう」を彼なりに応用していた。「俺のアイデアだ」と自慢げに話してくれる様子を大変頼

「土のう」で直した道の上でハイポーズ（ナイユファ村にて、2006年10月）

もしく感じた。

道の宿命

「道」は車が通るたびに傷んでいく。アスファルト、機械で施工した舗装道路でもこのことは避けられない。ましてや「土のう」で直した道も同様である。つまり、直して終わり、ではなく始まりで、その後の維持管理が必要で重要なのである。

「土のう」を使って一緒に道直しをしたのちに、約三年にわたって同じ村の同じ道路の様子を見てきている。選挙のキャンペーン運動で忙しい、道路沿線に住む重要人物が亡くなり喪に服していた、など地元特有の事情を聞かされ、私たちが理想と思うような適切な時期に適切に維持管理は行われていない。それでも写真に示された村人たちのように、自分たちで「土のう」を使って道を直そうとする意識は根づきつつある。

外国人の私たちにできることは、「土のう」を

俺のアイデアだと排水溝を自慢気に話す村人
(ナイユファ村にて、2008年1月)

利用した道直しと維持管理を通して通行性が改善されるということを、人びとに体感してもらうことだと考えている。道路省の技術者や、小規模インフラ整備のための予算を有している現地の行政機関や国会議員（国会議員に出身選挙区発展のための予算が割り当てられている）に「土のう」を認知してもらい、住民活動を支援し指導できるようにすることで、持続性につながるのではないか。

協力側の持続性

道普請人はNGOとして資金的な制約のなかで活動を進めてきた。が、その実績が認められ、このほど日本政府出資の資金をもとにアジア開発銀行がデザインしたプロジェクトを担当する機会を得た。マウントハーゲンを拠点としてエンガ州、南ハイランド州で二〇一三年春をめどに活動を展開する。日本人として現場の最前線に立てることを誇りに思う。今後の動向に注目していただきたい。

我々は、パプアニューギニア在住の日本人の方をはじめ現地の関係者に支えられて活動を進めている。ここに記して感謝の意を表する。

第12章　ラバウル旅愁と戦争和解式典

田中　辰夫

一九六二年外務省入省、二〇〇三年退官。その間、一九九九年五月—二〇〇三年三月パプアニューギニア駐在日本大使。現在、団体役員。

●椰子の葉かげに「あの娘」がいる港町

子供の頃から「ラバウル」と聞くと、実際の場所はわからなかったが、私にはどこか異国の、そしてどこか南の海のロマンの響きがあった。おそらく戦後のどさくさの中で、子供心にも有名歌手、近江俊郎が高く澄んだ声で「さらばラバウルよ……椰子《やし》の葉かげに十字星……、愛しあの娘のうちふるハンカチ……」と歌う歌を聞いて、勝手に情景を思い描いてきたものだろう。

その歌が「ラバウル小唄」という名前の歌であることは子供の頃から知っており、とくに中高年の多くの方も同様だろうと思うけれども、誰から教えられたかはわからないが、自然とその歌のメロディーを覚えていて、大人になって自分で歌おうと思えば歌えるし、カラオケで誰かが歌うのを聞くこともあった。

それから数十年の間、仕事柄いろいろの外国に住み、また出張に行く機会に恵まれたが、現実のラバウルにめぐり合う機会はなかった。ところが、数十年後の一九九九年六月、そのラバウルが国内に大きな町として所在するというパプアニューギニアの国に大使として着任した。

着任数ヵ月後に、あの「椰子の葉かげに愛しあの娘」がいるかもしれないと思い描くラバウルに初めて用務で出張することとなった。ラバウルは首都ポートモレスビーのあるニューギニア島とは別のニューブリテン島の東先端にあり、首都から国内航空便で約一時間半の距離である。

だが、今のラバウルはそのロマンどころか、現状は厳しいものがあるようだった。そのことは赴任前に東京でも少し聞いていたが、出張の前に大使館員から説明を受けたところによると、現実は次のようなことだった。

ラバウルはもともと、一九世紀終わり頃からココナッツやカカオの木のプランテーション（大規模農園）を開いたドイツ人たちが建設した町である。マンゴーの街路樹などを中心に整然とした港町で、その港は火山のカルデラに海が入り込んだ天然の良港である。そのような姿からラバウルは、従来から「南太平洋の宝石」と呼ばれてきている。

しかし、一九九四年、シンプソン湾を取り囲む二つの火山――タブルブル火山（戦時中の日本名「花吹山」）とブルカン火山（同「西吹山」）――が五七年ぶりとなる大噴火を起こしたために、数メートルの降灰が積もり、この地域がココナッツやカカオなどの産地であることは以前と変わりな

ラバウルのココナッツの木のプランテーション（大規模農園）。この高い木々の間にカカオの木が植えられている

いが、もうかつてのラバウル市街地のほとんどが壊滅した。——それは、子供心に抱いていた「あの娘」のイメージもなくなるような話だった。

●初のラバウル訪問

そういう次第で、私の最初のラバウル訪問も、被害を受けたラバウル地域の再建のための国際援助活動に関連したものだった。日本はことに戦時中からその地域にゆかりのあることもあり、大いに援助活動に参加してきたが、その一環として、かねて日本政府が約八億円の無償援助でココポに再建中の「東ニューブリテン州国営ラジオ放送局」が完成したので、政府代表として開所式に出席するためだった。

ポートモレスビーから飛行機で新ラバウル・トクア空港に着いた。この空港も日本政府の援助（ODA）で整備されたものである。

ここから東の方向、約五〇キロのところにあったラバウル空港が降灰被害により閉鎖されたために、パプアニューギニア政府の要請にもとづいて日本は、入り江をなしているシンプソン湾の反対側に位置していて、まだ噴火の煙を出している火山から比較的に安全な場所にあるトクア空港を整備した（ちなみに、その昔旧日本軍が「南飛行場」と呼んでいたところである）。

飛行機から降り立つや、二五名くらいの整列した儀仗兵に迎えられた。その後、歓迎の証として地元の伝統の踊りで出迎えられ、南国の花でできた大きな花輪の首飾りをかけられるなど、のっけから大歓迎を受けた。

ラジオ局開所式典も、中央政府から地元選出のナマリュウ副首相や関係大臣、地元知事などの関係者のほか、地元住民も大勢出席して、地元民族色豊かな盛大のものだった。アメリカ大使も来ていた。

日本の施工関係者たちが日本から大きな樽酒を持ち込み、鏡割りが行われた。強い日差しの下でいただいた日本酒のおかげで、高揚した気分となった。

新しい放送局は、将来の安全を考えて、ラバウル旧中心部から約三〇キロ南西に位置し、州都としての機能の多くをラバウル旧市街から移しているココポに再建されたとのことだった。このあたりからシンプソン湾沿いに本丸のラバウルにいたるまで、旧日本軍が一大根拠地を建設した場所であったが、「反日感情」は感じられなかった。

式典のあと、いよいよラバウル旧市街へ向かった。火山灰のなかから復旧した由緒ある「ハママ

ラバウル火山観測所のある山上から見下ろすラバウル旧市街とタブルブル火山

ス・ホテル」（現ラバウル・ホテル）に宿泊するためである。ホテルには降灰除去に格闘したときの写真が飾ってあり、復旧作業のたいへんさが想像できた。また戦前から人びとの行き交いでにぎわったという「マンゴー・アベニュー」や若干の建物の面影を残して、市街の建物、住宅地、各種施設類など旧市街地にあった全てが火山の降灰で無残にもやられていた。

それでも、ラバウル火山観測所（ＲＶＯ）のある近くの山頂から見下ろすラバウル旧市街の景色は、時折噴煙を噴き上げる火山やシンプソン湾を含めて一大パノラマをなし、雄大である。また、シンプソン湾に落ちる夕日も見事なもので、往時の繁栄を偲ぶに十分だった。

かつて旧日本軍司令部があった場所に通じる小高い丘の上には、日本政府が一九八〇年九月に建立した政府慰霊碑、「南太平洋戦没者の碑」がある。広

ラバウルの「南太平洋戦没者の碑」（太平洋諸島センター提供）

く海外の旧戦地にはこのように日本政府が建立した政府慰霊碑が一四ヵ所あるとのことだが、極限の戦地パプアニューギニアにはラバウルのほかにもう一ヵ所、ウェワクに「ニューギニア戦没者の碑」がある。

ラバウルの慰霊碑には「さきの大戦において南太平洋の諸島及び海域で戦没した人々をしのび平和への思いをこめてこの碑を建立する」と記されており、往時の敵・味方をわけ隔てなく弔う碑となっている。

設計は著名な建築家、菊竹清訓さん。私の高校の先輩である。また、建築物の天井には太平洋のレリーフがあり、ラバウルの位置に丸い穴が開いており、そこから太陽の光が差し込むようになっている。ラバウルのすぐ真北を走る赤道は赤色のガラス細工で横一線に引かれているが、それを作ったのはガラス工芸家・岩田糸子さん（故人）。岩田さんとは、私がパプアニューギニアに来る直前にアメリカ中西部のカンザスシティーに在勤していたときに、同地の近代美術館で開かれた岩田さんの作品展の関係で知り合った方である。菊竹さんも岩田さんもラバウルでつながるとは奇遇であった。

●戦争和解の記念式典

二〇〇二年一月二〇日に開催された「ラバウルにおける第二次大戦開始六〇周年記念式典」のことはぜひ書かなければいけない。それは､地元の「ラバウル歴史・文化協会」の主催によるものだった。その協会は、何とか火山災害前のラバウルの旧市街を一部でも復旧させたいとして、長年にわたり地元のラバウル火山観測所に勤めているスティーブ・ソンダースさんや前述のハママス・ホテルのかわいらしくも気丈な女将スージー・アレクサンダーさんたちなど、長年ラバウルに住んでいるオーストラリア人たちが中心となって作ったものである。

ソンダースさんは、現地のパプアニューギニア女性と結婚して、最近の連絡によると、お子さんが一人でき、ラバウルを見下ろすところに家を買ったとのことである。

二〇〇一年一一月のことである。スージーさんから、翌二〇〇二年一月は一九四二年一月の旧日本軍によるラバウル占領から六〇年を数えるので、その機会に関係国間の一種の「和解」の記念式典を計画している、ついては日本大使も参加してもらえないかと電話があった。その後、会長のソンダースさんやジュビリー・ラバウル市長から案内状が送られてきた。この記念式典は協会の皮切りの行事として開催するものであり、同じようにポートモレスビーの旧連合国の外交団にも案内した、とのことだった。

ラバウルは第一次世界大戦までドイツの統治下にあった。その後、一九一四年九月、オーストラリア軍が占領し、統治していたが、第二次大戦が始まって一九四二（昭和一七）年一月、日本軍が日本から南下すること五〇〇〇キロあまり、ニューギニア本島への戦略拠点として占領した歴史がある（ラバウル関連の戦史の本は枚挙に暇がないので、くわしくはそれに譲ることとしたい）。

和解の式典は非常によい試みであるとして快諾した。ただ、最初打診されたときの式典名が「旧日本軍によるラバウル占領六〇周年記念式典」とのことだったので、「ラバウル占領」というのは歴史的な事実としても、和解を記念しての式典の名称としてはいかがなものか、と意見を伝えたところ、「ラバウルにおける第二次大戦開始」と変更されたというようなこともあった。これに出席することは東京の外務省にも報告した。

二〇〇二年一月二〇日当日、ポートモレスビーから記念式典に大使で出席したのは日本のほか、アメリカ、イギリス、中国、ニュージーランドからだった。もっとも関係の深かったオーストラリアは高等弁務官（大使と同じであるが、英連邦諸国はおたがいには大使の称号をもちいず、高等弁務官という称号を使っている）が多忙だったためか、かわりに駐在武官らが来ていた。地元を代表し、東ニューブリテン州の警察長官が出席した。

まず、ハママス・ホテル内でソンダース協会会長による当時のラバウルの歴史についての講演があり、往時を偲んだ。その後そろって、まず同ホテルの近くにある日本の「南太平洋戦没者の碑」

ご遺族一行の慰霊団と一緒に「南太平洋戦没者の碑」の前で。中央に筆者（2002年1月20日）

に参拝した。そこで、日本からちょうど来訪されていたご遺族の慰霊団一行と出会った。

それから、旧市街の元オーストラリア駐屯部隊本部の跡地に設けられた記念碑にお参りした。それから中国人の小さな墓地にお参りした後、「東ニューブリテン州歴史・文化博物館」に立ち寄り、あらためて歴史を振り返った。その博物館は一般に「戦争博物館」と呼ばれて、州の歴史的な展示物があるが、実際の展示物の大部分は戦争時代の遺物で、その中に日本のゼロ戦闘機の残骸など旧日本軍のものが多い。

それを後にして、第二次大戦の連合国の広大な共同慰霊墓地にお参りした。ちなみに、このような連合国の共同墓地はミャンマーやシンガポールでも見たことがあるが、同様に立派なものである。

このような和解記念の巡回参拝を終了したときに、これで何か肩の荷が降りたような気がしたものだった。

●「ラバウル小唄」

冒頭に「ラバウル小唄」のことに触れたので、これに言及したい。

一般には「軍歌」というような感じで唄われているが、調べてみると、そうではなかった。じつは、太平洋戦争直前の一九三五（昭和一〇）年に発表された「南洋航路」の替え歌なのである。「南洋航路」の歌は、もともとラバウルや戦争とは直接に関係はなく、戦前にミクロネシアからサトウキビやコプラなどを運んでいた船乗りたちの舟歌だったものである。当時それを作詞・作曲したのは、千葉県鴨川出身の島口駒夫さん、唄ったのは新田八郎さん。

記録によると、ラバウルに駐留した旧日本軍の兵隊たちは、駐留中の旅情を歌った多くの歌詞や曲を作った。「ラバウル小唄」と題した歌詞もいくつもある。その中で、「南洋航路」の曲に合わせて、若杉雄三郎氏がラバウル撤退のもの悲しさの気持ちを込めて作詞したものを、戦後になって有名歌手の近江俊郎が歌うようになって、大いにはやったものである。――そう教えてくれたのは、生前、パプアニューギニアなど旧戦地の歴史研究家でカメラマンだった板倉昌之さんである。

（追記）

二〇一〇年三月下旬から、ＮＨＫで武良布枝《むらぬえ》さんの自伝『ゲゲゲの女房』（実業之日本社発行）

を原案に朝の連続テレビ小説がはじまる。武良さんは、妖怪漫画家の水木しげる（本名・武良茂）さんの夫人である。水木しげるさんは、戦時中ラバウルに駐留した兵隊の一人としてご苦労があったようだが、『ゲゲゲの女房』には次のような記述がある。

「最初に水木が行った海外旅行は、パプア・ニューギニアでした。……水木にとっては、戦争時代に、多くの戦友を失った土地であり、マラリアにかかって、左腕を失い、何度も生死の境をさまよった場所であると同時に、現地の人と仲良くなり、その楽園のような生活に憧れた場所でありました。」

Ⅳ 恩義

第13章　パプアニューギニア政府の決断
――日本に国連安保理の席を禅譲――

元パプアニューギニア駐在日本大使
田中　辰夫

●恩義のいわれ

この本の副題の「日本人が見た南太平洋の宝島」にちなんで言えば、パプアニューギニアは日本との外交関係でも十分に「宝島」になってくれたと思う。そのことは、私が大使在勤中、なかんずく二〇〇〇年一二月から二〇〇一年四月にかけて、日本がパプアニューギニアから受けた厚意について言える。その厚意とは、何かモノに関することではなく、他でもない国際連合安全保障理事会(国連安保理)に関してのことである。

日本は、任期二年で選ばれる国連安保理の非常任理事国の席に一九九七年から九八年まで着いていたが、その後、日本の国連外交関係者の間では、次に直近のいつの二年間に再びその席に着くかが模索されていた。

国際社会の平和と安全にかかわる問題が発生した場合、各国独自でどのような対応をとるかが基本になるが、同時に今や、絶対多数の国々が加盟している国連安保理の場で議論され、決議などの形で意見が集約されることが多い。国連安保理に席を持つことがそれだけ重要である。

日本は長年にわたり、安保理に常時参画できる「常任理事国」になることを悲願としてきている。しかし、それが実現しない段階では、国連総会の選挙で選ばれる非常任理事国になる常連的な存在となってきている。

その選挙も昨今ますます激戦になってきている。

そのような折に、「アヒルの水かき」ではないけれども、二〇〇〇年一二月から二〇〇一年四月にかけて、私は水面下でパプアニューギニア政府、外務省関係者などと接触を重ね、日本が二〇〇五年と二〇〇六年の二年間にわたり安保理非常任理事国として在席できるように、二〇〇四年秋に行われる国連総会での選挙に立候補できる指定席をパプアニューギニア政府から禅譲してもらうことに成功したのである。

当時、これを日本の外交関係者たちはたいへん喜んでくれた。当時の日本の国連駐在佐藤大使が二〇〇一年五月の記者会見で、そのことに触れた記録を手元に持っているが、それによると、「国連の選挙の問題に経験が深い我々の同僚から言わせると、奇跡みたいにスムーズな形で、パプアニューギニア政府の立候補取り下げと指定席の引継ぎができた」、と評価してくれている。

その三年後の二〇〇四年一〇月に行われた国連総会での選挙で、予定どおり日本は安保理非常任理事国に選ばれ、翌二〇〇五年一月から二〇〇六年一二月までの二年間、その席についた。その二年間に間断なく種々の国際問題が起こり、そのつど厳しい対応を迫られたと思われるが、私が見るところ、なかんずく二〇〇六年夏から秋にかけて起きた問題はとくにそうだったと思う。

その問題とは、二〇〇六年七月の北朝鮮による弾道ミサイル連射実験、同年一〇月の「核兵器実験」である。その北朝鮮問題が起こったときに、日本外交にとって、安保理の席に着いていたことが非常に役に立ったと聞いている。

こうして、パプアニューギニアから立候補を禅譲してもらえたことは、事情通の日本の外交関係者たちが等しくパプアニューギニアに恩義に感じていることである、と承知している。

そこで、どのようにして日本が二〇〇四年の立候補の機会をパプアニューギニアから譲ってもらえることになったかについて、現地で経験した「成功物語」の経緯について述べてみたい。その上で、なかんずく日本の安保理在席中の活躍について、私なりの観察を述べてみたい。

●国連日本政府代表部からの一通の公電

話は二〇〇〇年にさかのぼる。二〇〇〇年は千年紀に当たるということで、国連関係では九月に「ミレニアム・サミット（首脳会議）」や「ミレニアム国連総会」が開催され、日本政府などがかねてから推進してきた国連改革、安保理改革などが大いに議論されるなど、国連にとっては一つの節目の年だった。

在パプアニューギニア日本大使館でも、日本が推進しているそのような国連改革、安保理改革に対する支持をパプアニューギニア政府から取り付けるようにとの訓令が東京から届いていたので、パプアニューギニア政府に働きかけを行った。これに対し同政府側も十分応えてくれて、モラウタ首相が国連演説で支持表明を行ってくれていた。

そのような年も暮れようとする一一月下旬のある日、ニューヨークの国連日本政府代表部から一通の情報電報が在パプアニューギニア日本大使館にも送られてきた。

それは、次のような関係があるからだった。——日本は最後に国連安保理の非常任理事国だった一九九七—九八年から遠くない直近の時期に再び非常任理事国になる機会を模索しているが、国連加盟国数の増加とともに非常任理事国になりたいと希望する国も増えたことなどから、またすぐ次に日本というわけにはいかない状況にある。多くの国がすでに早くから名乗りを上げて非常任理事国に立候補できる指定席を確保しており、その一ヵ国がパプアニューギニアである。同国は、二〇〇四年の非常任理事国選挙へアジア・グループから立候補する指定席を確保済みである——。

私はかねて、パプアニューギニアは従来から日本が非常任理事国に立候補するときには率先して支持してきてくれていることは聞いていたが、同国自らが二〇〇四年に立候補できる指定席を確保済みであることまでは知らなかった。

アジア・グループというのは、全国連加盟国一九三ヵ国を地域ごとに分けた地域グループの一つで、アフリカ・グループに次ぐ大きなグループで、五三ヵ国で構成されている。そのアジア・グループには安保理非常任理事国一〇ヵ国のうち二ヵ国（二議席）が割り当てられ、毎年一ヵ国ずつ改選され交代していくことになっているが、毎年ごとに立候補する指定席に座れる統一候補をあらかじめグループ内の約束事として決めている。したがって、立候補できる指定席を確保していれば、ほぼまちがいなく当選できるという仕組みである。

アジア・グループには当然日本も入っているが、四年に一回アラブ諸国からの立候補国に議席を譲ることになっていることや、非常任理事国になりたいと希望する国が増えてきていることから、立候補のための指定席に座るのが非常な狭き門となってきて、十何年先まで指定席が決まっているような状況である。

そこで、日本のようにいつでも直ぐにでもなりたい国は（ただし、少なくとも一年間は間隔をとる必要があるが）、どこかすでに立候補の指定席に座っている国に降りてもらわざるをえない。

しかし、どこかの国に降りてもらうとしても、パプアニューギニアについては、アジア・グループ内だけでなく他のグループ内の小さな島嶼国の集まりからの立候補でもあるという背景があると同時に、同国にとって初めての立候補であるので、これを尊重して、パプアニューギニアを降ろすことなど考えない方がよいのではないか、つまりは大きな国が小さな国に圧力をかけたり、カネの力で降ろしたというようなことになってはいけない、というのが当時日本の国連外交関係者たちの大方の意見であることもわかった。

けれども、その後の日本側の直接の関係者内のやり取りを私など現地で見ていると、二〇〇〇年の直近の数年では、まず二〇〇一年はアラブ諸国が占める席であるので、これには手の打ちようがない。また次の二〇〇二年はパキスタン、二〇〇三年はフィリピンがそれぞれ立候補できる指定席に座っているが、それら各国ともそれぞれに事情があって、仮に日本からそれらの国に立候補を降りてくれるように働きかけてもうまくいくと期待できる状況にはない、との印象であった。

●パプアニューギニアの内政事情

そのような状況とくらべてみると、パプアニューギニアは降ろさないほうがよいのではないかとの意見ももっとももなことであるが、私には、パプアニューギニアが降りてくれるチャンスの方が大きいのでないかと思えた。というのは、いろいろ観察してみると、パプアニューギニア政府が以前に二〇〇四年立候補の方針を決めた時と、その後政権も交代していることもあり、今では立候補についてそれほど固まった方針があるようには必ずしも思えなかったからである。

私はパプアニューギニアに一九九九年六月末に着任したが、着任一週間後に当時のスケイト首相が財政破綻と政治不信を招いたとして相当な政治的混乱のうちに辞任した。後任の首相として、中央銀行総裁などの要職を歴任した財務官僚出身のエコノミストであるが、議員としては一期目のミケレ・モラウタ議員が議会の多数で選出され、七月初めに新政権が発足した。

新首相は、前政権時代に破綻した経済財政の建て直しと財政均衡を新内閣の最優先課題とすると宣言した。新政権誕生後直ぐに、旧政権下で絶縁状態にあった世界銀行やＩＭＦ（国際通貨基金）

など国際開発・金融問題の専門家たちが、待ってましたとばかりにワシントンから乗り込んできた。それは迅速であった。

その年の一一月には、首都ポートモレスビーで「支援国会合」が開催された。

「PNGの友人たち（フレンズ会合）」と呼称された支援グループの意見は一致して、パプアニューギニアに対して財政支援を行う必要があるということで、三億米ドルの総枠が設定された。

そこで、日本はオーストラリアにつぐ援助国として相応の財政支援が期待された。会合で聞こえてきた対日期待額の相場は、全体の六分の一、すなわち五〇〇〇万ドル（当時で約五三億円余）であったが、日本からの出張者たちの話では、日本はまだ支援するかどうかは決めていないとのことだった。結局のところ、その額が一年後の二〇〇〇年八月、日本からパプアニューギニアへの「経済構造調整借款」（円借款）として両国間で合意された。

このほぼ一年間、私はパプアニューギニアのことを考え、必ずしも積極的ではない東京を説得する努力をした。大使が駐在する国との関係の促進を考えて尽力するのはある意味で当然のことであるが、それ以上にこの財政支援はぜひとも実現しなければならないと思った。というのは、先の戦時中に同国に迷惑をかけたのではないかとの思いもあったし、同時に今後の関係として、同国は潜在的にさらに大きな資源大国になりうる可能性があるので、日本との関係を進めてもらうためにも現下の要請に応えることが重要と考えていたからである。

ワシントンから出張してきた世界銀行に出向中の日本人の理事も積極的で、「私も応援しますから」ということだった。私も東京の大蔵省（現・財務省）の担当幹部がちょうど旧知だったこともあり、ファックスを送って直訴したりした。

当時東京で、当初はやや渋りながらも現地の声を聞き、各方面に連絡を取ってよく対応してくれたのが、外務本省の宮島大洋州課長だった。

通常、財政支援というのは政策調整にたいへん時間がかかるものであるが、一年足らずで合意ができたことは異例だったと言えよう。

そのような雰囲気もパプアニューギニア側に伝わっており、モラウタ首相をはじめ関係閣僚や政府関係者などに相当に人脈と信頼関係ができて、それが二〇〇四年立候補の禅譲を受けるための根回しのためにも役立つことになったと思う。

モラウタ首相は、オーストラリア人の夫人ともども刺身などたいへんに日本食が好きであることを知り、大使公邸で日本料理専門の料理人が作る夕食に招くことが多くなっていた。新世代を代表するような理知的な方で、新政権の政策方針は財政規律と民営化ということであり、当時の小泉首相の「構造改革」にたいへん関心を持っていて、日本からのニュースを私なりに解説をしたものだった。

世界銀行の「構造調整借款」というのは、現地国側からみるといろいろの厳しい内政上の構造改革の実施条件付きのもので、それを実施するごとに次の借款が降りるという仕組みになっていた。モラウタ首相はこれに熱心に取り組み、均衡財政をめざした。パプアニューギニアには三一項目の条件が付いていたとのことで、同国はこれをその後二年間ぐらいで実施したと聞いたが、これは驚嘆すべきことだったと思う。*

＊ しかし、それが内政上ではあだになったようである。というのは、モラウタ首相は「構造調整」の方針に従い、たとえば全国津々浦々に支店を展開して赤字を出している国有金融機関の一部閉鎖や民営化を進めたが、二〇〇二年八月に行われた総選挙で、野党党首のソマレ議員が、そのような構造改革は地方の不便な山奥にいる農民の生活基盤を脅かすものであるとして、これを激しく攻撃して、総選挙に勝利を収め、首相に就任したからである。ソマレ首相は、パプアニューギニアを統治国のオーストラリアから巧みに独立に導いた独立の闘士で、ふだん親しみを込めて「国父（ザ・チーフ）」と呼ばれ、多くの国民の尊敬を集め、日本のこともよく知っておられる。現在、五回目の首相に就任。一九三六年ラバウル生まれでお元気である。

●パプアニューギニア外務省

以上のように二〇〇〇年当時、モラウタ首相など政府要人たちとのかねての接触のなかでパプアニューギニアの現政権は非常に内政志向が強いとの印象を持っていたので、この印象から二〇〇四年の立候補などについてもはやそれほどこだわりはないのではないか、との感じをもったわけである。

しかし、私が接触したかぎり外相だけはちがっていたと思う。パプアニューギニアの政府は多くの小党の連立で成立する場合がほとんどで、閣僚の出入り、交代は頻繁であるが、その頃の外相はソマレ氏だった。

日本政府は当時、ある国際機関に日本の有力な人材を送り込むために、日本が世界中に設置している在外公館を通じて広範な選挙運動を展開しており、在パプアニューギニア日本大使館でも東京から、駐在国政府に対して日本人候補の支持要請を行うようにとの訓令に接していた。すでに先方外務省事務当局には働きかけを行っていたが、ソマレ外相自身にも直接に働きかけようと、二〇〇〇年一二月初めに議会内の議員事務所で外相と面会した。

同外相は、「それは日本の候補者を支持する」と即答してくれた。しかし、「ただし」として、「その交換として当国の二〇〇四年の国連安保理非常任理事国の選挙を支持してもらいたい」と、相互支持の条件を持ち出されたので、二〇〇四年の立候補について関心を失ってはおられないと知った。

さすがに経験豊富な政治家だとの印象を持った。かりに二〇〇四年の非常任理事国への立候補の指定席のことに日本も関心がありますなどと持ち出すとなると、ただ事では行かないなと、ソマレ外相との面会直後に思案されたことだった。

しかし、外務省内の事務当局の空気はややちがっていた。外務省内部でも当時、財政立て直しというモラウタ政権の大方針から外交体制の見直しが進められており、それには在外公館の縮小なども含まれるということだった。そのような内政上の要請を知って合理的な判断をしていたのは、ロウマ外務審議官（政務担当）であったと思う。前駐日大使から昇格して就任したラテウテ外務次官がソマレ外相と何事かでぶつかって半年間の自宅待機を食らっていたので、ロウマ外務審議官は当時、外務次官代行をしていた。

ソマレ外相に会った数日後、ロウマ外務次官代行を訪ね、内々の趣で率直に、二〇〇四年の立候補についての事務当局部内の検討ぶりを聞いてみた。

これに対して、ロウマ次官代行の返事ははっきりしたもので、「二代前の内閣時代に推進された二〇〇四年立候補の方針については、今の内閣でも引き継がれているので知っているが、いずれ（と言っても、四年後の二〇〇五年のことになるが）パプアニューギニアが国連安保理の非常任理事国になったとしても国連の自国代表部の陣容を大幅に充実しなければならず、そのために相当のヒトとカネがかかるので財政的に支えきれないのではないかと個人的には考えている」と率直に話してくれた。

以上のように、首相ら現政権は財政立て直しの観点から内政志向が強いこと、ただし外相自身は二〇〇四年の立候補を意識しているが、外務省事務方内には緊縮財政の方針を汲み立候補に否定的な空気もあるというような諸点を、現地にいる私の観察報告としてまとめて、一二月中旬に東京やニューヨークなど関係先に送った。

それに対して、国連駐在の佐藤大使から、大変参考になる情報だとの感想が寄せられた。東京から反応をもらった記憶はないが、立候補問題をどうするか思案中の様子だった。

●潮目の変化のきざし

そうしているうちに、私の目から見れば潮目がやや変わるようなことが起こった。私が観察報告を送った直後の一二月一九日、先に述べたように相互支持の条件を持ち出したソマレ外相がモラウタ首相から内政上の理由で解任され、フィレモン運輸航空相が横滑りで後釜になったのである。新外相は実務型の仕事師で、財政規律を重んじる当時の政権の方針に合った経済金融畑の人であった。新外相に挨拶した際には同氏は、自分は外交に素人なので運輸航空相のほうがよかったなどと正直に述べていた。これを私の立場から見れば、二〇〇四年の立候補の問題に理解が得やすくなったような気がした。

二〇〇一年になった。その一月中旬、毎年恒例のアジア太平洋地域駐在の日本大使会議が開催されることになり、東京に帰国する機会があった。その間に時間を作って、外務本省の担当幹部と打ち合わせを行なった。その結果、パプアニューギニアに立候補を降りてもらえるならばそれに越したことはない、という考え方で一致した。

さて、いざ実際に自分の駐在国に対して降りてもらう働きかけを行うとなると、今度は若干の躊躇を感じたが、そこは国益のためということで割り切ることにした。

ふだんから、日本のＯＤＡ（政府開発援助）による橋梁や道路などインフラ施設の開通式や「草の根無償資金援助」による施設開所式などで全国を回り、その様子が頻繁に全国紙やテレビ・ニュースで報じられていたので、遠い村の子供たちにも私の名前は覚えられていて、地元選出の国会議員などからも一目置かれるような存在になっていたので、それらの議員たちの力を借りることができるとの自信もあったが、無理してはいけないと思い、相当に気を使って関係者に根回しをすることとした。

調べてみると、自国が立候補することを言い出したのは、九〇年代半ばの九四年から九七年まで政権を率いたジュリアス・チャン元首相であることがわかった。同氏は華僑系で、才気煥発、やり手の方として名を馳せていた。ただ、その当時、同氏は一九九七年の総選挙で落選していた。

そもそもパプアニューギニアがどうして立候補することとしたのか、今はどういう感じを持っているかなどについて聞きたいと思って、つてをたどって同氏にお会いしたいと申し出ていたところ、親切にも二月下旬、ご本人自らひょっこり日本大使館を訪ねてきてくれた。

元首相の説明は、およそ次のようにものだった。

――一九九四年当時、首相として外相も兼務していたが、自ら国連安保理の非常任理事国に立候補することを推進したのは、独立後二〇年間が経って国としてしっかりとした外交政策のイニシアチブをとりたいとの観点からだった。パプアニューギニアとして二〇〇四年に立候補することはすでにアジア・グループなどからの承認をもらっているので、自分（チャン氏）は太平洋島嶼国から初めての非常任理事国として当選することはまちがいないと思っている。しかし、その後の政権がどのように対応しようとしているかはわからない。――

このことから、私は、チャン元首相は当選することに強い期待と自信を持っているが、現実には中立的になってくれるのではないかとの印象を持った。

●新外相への書簡と返書

私がチャン元首相に会った二〇〇一年二月下旬に、こんなこともあった。

パプアニューギニアは、旧統治国のオーストラリアと大型の閣僚会議を毎年開催しているが、二月下旬のある日、その会議後にフィレモン外相がオーストラリアの首都のキャンベラで行った記者会見の模様を伝える通信社のニュース速報が入ってきた。

それを見ると、同外相がパプアニューギニアに財政支援をしている関係国・国際機関に感謝して国名や機関名を挙げた中で、わが日本に言及していないことに私は気づいた。

私は、これはおかしいと思って、直ちに同外相あてに、これを指摘した個人的な書簡を起案して外務省に届けた。

そうしたら、すぐにロウマ外務次官代行から外務省に呼び出しを受けた。さっそくに同人を訪ねたところ、私が外相あてに出した書簡の中で「日本に言及されなかったのは驚きである」と書かれているが、そこで使われている「驚きである（astonished）」という英単語は外交用語としては強すぎて納得できないなどと、まず小言を言われた。

私なりにわざと強めにと思って書いておいたのだけれども、あらためてロウマ次官代行の指摘を受けたので、「日本は貴国とらがって英連邦（ザ・コモンウェルス）に属する国ではないから、そんな細かい英語のニュアンスまでわからないから」などと釈明していたら、先方はわかったとして、必ず私の書簡は外相に見せるからということだった。

ただ、私自身からもフィレモン外相に直接に説明していたほうがよいのではないかと思い、同外相の自宅が大使公邸と近かかったこともあり、ロウマ次官代行に会った二―三日後のある朝、出勤前の新外相を朝食に招いた。パプアニューギニアのような南国では手に入らない鮭の焼き物に味噌汁と、日本風の朝食を出した。

話してみると、私が出した書簡のことをまだ知らないということであったので、その趣旨を説明したところ、ニュース速報で自分の記者会見がそのように伝えられているのなら、それは恐縮であるというようなことだった。

それはそれとして、少し不躾かと思ったけれども、私から、「貴国は二〇〇四年に安保理非常任理事国に立候補するための指定席を持っているが、じつは日本も立候補に関心を有しているところである。現在、内部でどのように検討されているのか。日本への禅譲の可能性はありませんか」、と率直に質してみた。

これに対して、外相は、「その国連関係の案件のことはまだ聞いていないので、後で調べるが、ロウマ次官代行の意見も聞いてみたい」とのことだった。

三月に入って突然、フィレモン外相から返書が来た。同書簡では、まず、「さきにキャンベラでの記者会見で、財政支援をしてくれている日本に言及しなかったのは意図的なものではないので了解してもらいたい。日本には大きな財政支援をしてもらったことにはかねてから十分感謝している」との趣旨のことが丁重に書かれていた。

そして少し間を取って、「話は少し変わるけれども」として、「お尋ねのあった二〇〇四年の国連安保理非常任理事国への立候補については、パプアニューギニア政府としては立候補を取りやめて、代わりに日本政府を支持することとしたので、くわしくは外務省の幹部と打ち合わせてほしい」と書かれていた。

日本にとっては願ってもないことだった。

ロウマ次官代行とはかねて話し合っていたので、フィレモン外相は同人から説明を受けて決断したものと思われた。

早速に、外務省にロウマ次官代行をたずねたところ、先方から、相手が日本であることを考慮して前向きに対応することにしたとして、次のような説明があった。

——日本政府からの正式文書で、「日本は国連安保理非常任理事国に立候補したいので、パプアニューギニアに支持してもらいたい。そのためにパプアニューギニア政府として二〇〇四年の立候補を撤回してもらいたい」旨を申し出てほしい。それを受けて、パプアニューギニア政府としてはアジア・グループに申し出て、自国の立候補を取り下げることとする。——

●東京からの出張者

このパプアニューギニア外務省からのまたとない禅譲の厚意を急ぎ東京に電報で伝えた。早速にも、当時東京の外務本省でこの問題を主管していた総合外交政策局の奥克彦国連政策課長から電話があり、「本当ですか、それでは部内で出張手続きを取って、できるだけ早く飛んで行きます」と、快活な声ではあったけれど、「本当ですか」と繰り返して、そちらに行くまでは信じられないというような趣だった。

四月に入って、奥課長が出張してきた。そのときまでにパプアニューギニア外務省側とは話がついていたので、万事うまくいった。

奥氏とは旧知で、まさに快男児だった。その二年半後の二〇〇三年一一月、悲劇が起こって、イラクで不慮の死を遂げたのはかえすがえす残念なことだった。奥氏はパプアニューギニアへ出張して半年後、在英国日本大使館に参事官として発令になり赴任したが、その後しばらくして戦争下のイラクへ長期出張になり、この悲劇に遭遇したものである。

その頃私はすでに外務省を退官していたが、その後外務省の若い人たちから聞いたところでは、奥氏は自らが担当課長だっただけに、パプアニューギニアから委譲を受けたことを生前に非常に喜んでいて、パプアニューギニアのことは「大功績である」と、出張先の日本大使館の後輩連中などに熱っぽく語り、仕事で実績を上げるようにと若い外交官たちに発破をかけていたとのことである。

奥氏がパプアニューギニアに出張してきたとき、日本で販売開始されたばかりの最新のゴルフボール一ダースをお土産に持ってきてくれた。そこで、ゴルフボール一ダースの借りがあるので、いずれ天国でお手合わせをやれるかもしれないので、私もそのとき最新のゴルフボールを一ダース持参しなければいけないと思っている。

こうして、日本がパプアニューギニアに代わって二〇〇四年末に行われる選挙に立候補することは、その年の二〇〇一年五月に開催されたアジア・グループ会合でパプアニューギニアの国連大使が非常にうまく説明してくれて、異議が出ることなく承認された由だった。

さらに、その三年半後の二〇〇四年一〇月に開催された国連総会で、日本は無事に選出された。その三年半の間も、日本に対する異議も対抗馬も現れることはなかった由である。通常行われるような激しい外交的な選挙運動を、今回は三年半もの間まったく行うことなく、当選できたのである。これは、主要な国際機関関係の選挙では初めてのことであると聞いている。

●北朝鮮の「核」とミサイル開発問題

こうして日本は二〇〇五年、二〇〇六年と国連安保理の非常任理事国の席に着いたのであるが、その間に遭遇したとくに日本にとってもっとも深刻な問題は、二〇〇六年の後半に起こった北朝鮮の「核兵器」とミサイル開発問題だったと思われる。その深刻さは、今も変わらない。

北朝鮮はすでに二〇〇五年二月、自ら「核保有宣言」を行ったことなどから、かねてより「核兵器」を開発しているのではないか、その運搬手段としての弾道ミサイルも開発しているのではないか、との疑惑に包まれてきたことは公知のことである。

そこで、北朝鮮の核問題は北東アジア地域の平和と安定、国際的な不拡散体制に対する深刻な挑戦であるという考えから、中国、北朝鮮、日本、韓国、ロシア、アメリカ各代表が出席して開催される六者会合でも真剣な協議が行われてきている。その成果として、北朝鮮は二〇〇五年九月の会合において、全ての核兵器および核計画を検証可能な方法で放棄することを初めて約束し、その旨の「共同声明」が発出された。

それにもかかわらず、である。二〇〇六年七月、北朝鮮は日本海向けに七発の弾道ミサイルを発射する実験を行ったと発表した。またそれに追い討ちをかけるように、北朝鮮は同年一〇月、「核兵器実験」を行ったと発表した。

これはまさに、恐れたことが現実の事態となったのである。これに対して日本独自にどのような対応をするか、そして国連安保理あるいは国際社会としてどのように対応するかが問われることとなった。

北朝鮮がミサイル実験を行ったことを発表した直後に、私は日本の外務省の国連外交関係幹部と話す機会があったが、同人は端的に「北朝鮮は悪いタイミングでミサイルを発射したものだ！」と述べた。

この発言は、北朝鮮が弾道ミサイルを連射したときに、北朝鮮は、目下日本が非常任理事国として国連安保理に席を持っていることを知らなかったのではないか、と皮肉った発言である。

●日本の国連での活躍

二〇〇六年七月五日、北朝鮮のミサイル発射を受けて、官房長官や外相など日本政府指導者たちは安全保障上の危機意識から迅速に情報伝達、警戒措置などの行動を取るとともに、かねて伝えられていたとおり、日本政府は直ちに国連安保理の開催を要請し、かねて準備していた決議案を上程した。

その日から北朝鮮非難決議が満場一致採択される七月一六日までの間、日本が主動的な役割を果たしたとのことで、その経緯は今、当時の関係した当事者たちの口からくわしく公表されている。日本としては「国連に加盟して五〇年、日本が提案国として安全保障理事会をリードしたのは初めてのことである」、と当時の麻生外相も発言している。

七月一五日に採択された対北朝鮮決議（一六九五号）には、北朝鮮による弾道ミサイル発射を強く非難し、北朝鮮にミサイル関連計画の停止、六者会合への即時無条件復帰、核開発の放棄などを求めるとともに、国連加盟諸国に対して北朝鮮との間でミサイル関連物資・技術・資産の移転の阻止など、かねてからの日本や米国などの基本的な主張は盛り込まれている。それにより、その後の北東アジア地域における対北朝鮮抑止策の第一段階が構築されたものと言える。

これに続き二〇〇六年一〇月、北朝鮮が核実験を行ったと発表した際には、国連安保理は、国連憲章第七章に基づく制裁行動として第四一条に言及して、具体的な各種の経済制裁を定める決議（一七一八号）を採択した。二〇〇九年五月、二回目の核実験を受けて採択された決議（一八七四号）では、核兵器やミサイルの拡散にかかわる資金を提供することを禁ずるなど、さらに種々の制裁を課すものとなっている。

　このように、北朝鮮による二度にわたる弾道ミサイル発射実験（二〇〇六年七月および二〇〇九年四月）、ならびに核兵器実験（二〇〇六年一〇月および二〇〇九年五月）に対して、国連安保理は全会一致でだんだんと制裁色を強めてきている。

　じつは、歴史は繰り返すではないけれども、二〇〇九年に北朝鮮がミサイル実験を行い、核実験を行ったときも、日本は、ちょうど二〇〇九年から二年間の国連安保理の非常任理事国の席に着いているのである。ちなみに、これはモンゴルから譲ってもらった席であると聞いている。

　国際場裏の熾烈で多角的なパワーポリティックスの場において、かりに日本が安保理においてがんばっていなければ、さらに妥協的な文案にもなった可能性もあり、実際に「土俵」にいたことは大きな意味を持っていたと思われる。端的に言えば、これには幸いにも日本が安保理の席についていたことが役立ったということである。

　本当ならば日本くらいの国は国連安保理に何らかの形で「定席」を持っていてもおかしくないというのが、日本の以前からの主張であるが、それを実現するための国連安保理改革は進んでいない。

　私は実際に国連で仕事をしたことがないので実感としてわからないけれども、国連外交の専門家たちの話を聞くと、国連の組織の中でも世界の平和と安全保障に強い権限を与えられている安全保障理事会では、常任の理事国の席に着いている先の大戦の主要戦勝国である五ヵ国（中国、ロシア、フランス、英国、米国）は別格として、非常任の理事国でもよいので席に着いていると着いていないとではまるで「天と地」の差があるようである。

国連ビル内にある円形の安保理会議場の風景は、テレビや写真などの報道でよく知られている。一般には国連安保理の議論がほとんどそこで行われているかの印象を与えるが、国連外交に通じた人たちによると、じつはそうではない由である。安保理のメンバーの間で場外の小さな会議場や各国代表部事務室で持ちまわりで行われる大小の間断ない下打ち合わせ会合などがもっと実質的に重要だそうで、意味ある議論や妥協はそうした内輪、いわば密室の中で行われる場合が多いとのことである。しかし、それは部外の者には見えない。また、実際に席についていないと、よい情報も入ってこなければ、いわんやその決定に関与できる余地はほとんどないほどであるとのことである。

日本は依然として有力な経済大国であり、ODA（政府の途上国開発援助）の額も大きく、国連に対する財政的な分担金も依然として国連加盟国中で米国に次いで第二位を占めている。また、長年にわたり平和の定着や国つくり、人間の安全保障、軍縮や不拡散などさまざまな分野での国際貢献も大きい。そこで、安保理常任理事国として責任を果たす資格が十分であると考えられるので、何とか国連安保理改革を実現してとにかく安保理に「定席」を占められるようになってもらいたい、と私自身も長年考えていることを付け加えて、この章を終えたい。

●後日談

以上述べたように、二〇〇四年の国連安保理非常任理事国への立候補のことで、二〇〇〇年から二〇〇一年にかけてたいへんお世話になったパプアニューギニア外務省のロウマ外務審議官は、その一年後に、まったく別のある原因で外務省を辞職した。

折柄、超ベテラン政治家のマイケル・ソマレ野党党首が二〇〇二年八月に行われた総選挙に勝利し、四度目の首相に就任した。その直後にソマレ首相にお会いしたときに、首相自身から誰か国際問題のわかる人材を知らないかとたずねられたので、私から間髪を入れず、当時「浪人中」のロウマ氏を推薦した。

そうしたら、ロウマ氏は翌日、首相府へ面接に呼ばれた由で、その結果首尾よく採用されて、ソマレ首相付外交顧問となった。それ以来現在も、同首相のもとで勤務している。

世界に扉を開いてくれた国パプアニューギニア

山田　真巳

日本画家。代表作に「極楽鳥屏風」（パプアニューギニア国会議事堂蔵）、「エアーズ・ロック屏風」（在オーストラリア日本大使館蔵）、「カタカリ金屏風」（在インド日本大使館蔵）、「シンシン金屏風」（早稲田大学蔵）など。

パプアニューギニアは私を世界へと導いてくれた最初の国である。一九六九年に東京藝術大学日本画科大学院を修了し、旧体制の画壇とも縁を切り、無所属になって初の個展「熱帯の花鳥　山田真巳日本画展」を銀座で開催した時のことである。駐日パプアニューギニア大使がお越しくださり、『熱帯の花鳥』と銘打った展覧会なのに、わが国の国鳥で鳥の女王と呼ばれるゴクラクチョウの絵がないではないか」と指摘された。そこで僕が「貴国が輸出しないので動物園にいないのです」と申し上げたところ、大使が苦笑いされたことを憶えている。

その後、ニューギニア国営航空のポスターに使うゴクラクチョウの絵を描くという条件で、パプアニューギニアへのスケッチ旅行に招待して頂いた。その縁で何回も同国を訪れる機会にめぐまれ、ポートモレスビーの国立博物館で個展開催の運びとなった。お蔭様で評判は上々、同展覧会は引き続きオーストラリアのシドニー他四ヵ所を巡回することになった。その後、パプアニューギニアの新国会議事堂落成を祝って日本政府から贈られる「極楽鳥屏風」の制作を依頼された。こうしてパプアニューギニアは私のラッキーカントリーとなっていった。

高地マウントハーゲンの奥にあるバイヤリバー・サンクチュアリーは自然そのままの大密林で、そこを飛び交うゴクラクチョウは夢のように美しい。この国には猛獣がいないため、鳥たちは地上に落ちた木の実をゆっくり食べてのんびり暮らしてゆくことができる。「極楽鳥屏風」（口絵）に描かれた黒い大きな鳥はヒクイドリ（火喰い鳥）という。彼らは翼が退化して飛ぶことができない。いや、楽園では飛ぶ必要がないのだろう。青い二羽のニワトリ大のカンムリバトも同様だ。

当地で毎年行なわれるシンシン祭りは圧巻だ。着飾った各部族が歌と踊りを競い合うのである。「シンシン金屏風」（口絵）右端の、頭にナポレオンの帽子さながらの黒いかつらを冠ったウィッグマンについて少しお話しよう。タリ村では男の子が生まれるとその子の髪の毛を捨てずにためておく。成長の早い子は一三〜一四歳でかつらを作るのに十分な量の髪の毛がたまる。これでかつらを作り、シンシン祭りに参加するのだ。これが成人の証しである。日本や欧米諸国のように一律に成人年齢を決めてしまうより、このほうが自然の理に適っているように思われるが、いかがだろう。

あとがき

この本で、日本とパプアニューギニアとの関係、日本人とパプアニューギニア人との関係について多方面の話題を取り上げることができたと思う。これは、国と国との関係が多層で多面的であることを反映してのことである。

「国脈」ということばがある。これは従来、国の命脈という意味で使われているようであるが、人間関係について「人脈」ということばがあるように、これになぞらえて国と国との関係について広い意味で「国脈」ということばを使えるのではないかと考える。その基礎には「人脈」などがあるのだが、それだけではなく、日本としての利害関係、相手国としての利害関係なども含めた総合的な関係を「国脈」という用語を使ってはどうかという考え方である。

そのような観点からこの本を読んでいただいて、これまでなじみのなかったかもしれないパプアニューギニアと日本との間にも、相当程度の「国脈」が存在していることをお分りいただけたかと思う。

今や交通通信手段の高度の発達などによりグローバル時代といわれる。ということは、国と国との関係が多面性を有していることでもあり、外交もこの多面性を考慮せずには進められない時代が来ているということであろう。したがって国際関係もますます多面化していることであり、外交官だけではなく、今や多方面の人たちに支えられて進められるべき時代に来ているのである。総外交官の時代である。

そのような意味で、日本とパプアニューギニアの間の「国脈」の実情をひろく日本の一般の読者に紹介しようという出版企画の趣旨で、二〇〇九年九月二六日に企画・執筆打ち合わせ会を開催することを呼びかけたところ、多数の執筆者の方に出席していただくとともに、それ以来、快く執筆に協力いただだいた。各執筆者の皆さんに深く感謝をしたい。そのような真摯な協力がなかったら、この出版は実現しなかっただろうし、実現したとしてもこれほど早く出版の運びにはいたらなかったと思う。同時に、それぞれの執筆者を支援し、資料や写真などを提供された関係者の方がたも多いと思われるが、その方がたにも感謝したい。

在京パプアニューギニア大使館のマイケル・マウエ大使（二〇〇九年一一月帰国し、現在、本国外務省の事務次官）にも、本書の書名や目次は非常に適切であるなどと激励されたことに感謝したい。大使館館員からも応援を受けたことを記しておきたい。

さらに、国際機関・太平洋諸島センターの相馬貫一郎所長（前パプアニューギニア投資促進庁のＪＩＣＡシニア専門家）から、最新のパプアニューギニア事情についてお話を伺えたことに感謝したい。

また、私はかねてから、地政学上の重要性から日本人は太平洋問題にもっと関心を持つべきだと考えているが、その分野で活躍中の社団法人太平洋諸島地域研究所の小林泉理事（大阪学院大学教授）から、適切な助言をいただいたことに感謝したい。

最後に、本書の出版にあたっては、花伝社の代表の平田勝さん、編集長の柴田章さんに大いに感謝したい。平田さんは、私の出版企画を聞いて直ちに快諾していただいた。また、柴田編集長は、編集のプロとして適切な助言をいただくとともに、実際の編集に長時間にわたり従事していただいた。

二〇一〇年三月

田中　辰夫

パプアニューギニア概況

国名	パプアニューギニア独立国（Independent State of Papua New Guinea）
面積	４６万１６９３平方キロメートル（日本の約１．２５倍）
人口	約６４５万人（２００８年、世界銀行）
言語	公用語は英語、共通語はピジン語（Pidgin English）及びヒリ・モツ語など。 全国では７００以上の民族集団で異なる言語が使用されている。
政体	①　英連邦の一国として英国女王をパプアニューギニア元首とする立憲君主国家で、立法、行政、司法の三権分立制の民主主義国家。 ②　総督は、元首の権限、義務等に係る国事行為を代行する。総督は、パプアニューギニア人の候補者の中から国会議員により選出される。
議会	立法権は議会（一院制）に属する。議員定数は１０９名。
選挙制度	①　議員は普通選挙で選ばれる（選挙権は１８歳以上、被選挙権は２５歳以上） ②　議員は、州全体区（provincial electorate）選出議員２０名（州知事を兼任）、地域区（open electorate）選出議員８９名よりなる。
内閣	議院内閣制 ①　内閣は首相以下全閣僚により構成され、議会に対して行政の全責任を負う。 ②　閣僚は議員の中から任命される。 ③　首相は議会の指名に基づき、元首により任命される。
経済	市場経済 ①　ＧＮＰ：６５．１億米ドル（２００８年、世界銀行） ②　一人当たりＧＮＩ：１０１０米ドル（２００８年、世界銀行）
言論	基本的に自由。
宗教	基本的にキリスト教。ただし、伝統的な宗教が併存。

パプアニューギニア略史

4万年前　メラネシア系住民がニューギニア島に住みつき、部族社会を形成
1万年前〜7000年前　ニューギニア島高地で農耕が始まる（世界最古とされる）
1526　ポルトガル人メネセスがニューギニア島に上陸。「パプア」と命名
19世紀後半　オランダがニューギニア島西半分（東経141度線以西）をオランダ領東インドに併合
1884　ドイツとイギリスがニューギニア島東半分（東経141度線以東）を二分割。ドイツはニューギニア島東側の北部、ビスマーク諸島などを保護領に（ドイツ領ニューギニア）。イギリスはニューギニア島東側の南部、ニューブリテン島などを保護領に（イギリス領ニューギニア）
1906　オーストラリアの連邦制開始（1901）にともない、イギリス領はオーストラリア領パプアとなる
1920　第一次世界大戦（1914〜18）でのドイツ敗北により、国際連盟がドイツ領ニューギニアの統治をオーストラリアに委任
1941　第二次世界大戦（〜45）
1942　日本軍がラバウル占領（〜45）
1946　オーストラリアを施政権者として国連の信託統治領となる
1963　パプアニューギニアに住民議会を設置
1964　第1回総選挙。議員総数は64名（うち38名はパプアニューギニア人）
1973　内政自治に移行
1975　独立（9.16）。マイケル・ソマレ自治政府初代首席大臣が初代首相に就任（〜77）。同年、国連加盟（142番目）
1977　ソマレ内閣（〜80）
1980　チャン内閣（〜82）
1982　ソマレ内閣（〜85）
1985　ウィンティ内閣（〜88）
1988　ナマリュウ内閣（〜92）
1988　ブーゲンビル島で分離・独立運動
1992　ウィンティ内閣（〜94）
1994　チャン内閣（〜97）
1997　スケイト内閣（〜99）
1999　モラウタ内閣（〜2002）
2001　ブーゲンビル和平協定
2002　ソマレ内閣（〜07）
2007　ソマレ内閣（〜現在）

執筆者一覧

編 者

田中辰夫（たなか たつお）

1962 年外務省入省、2003 年退官。その間、1999 年 5 月— 2003 年 3 月、パプアニューギニア駐在日本大使。現在、団体役員

執筆者（執筆順）

熊谷　圭知（くまがい けいち）	お茶の水女子大学教授
鈴木紀久代（すずき きくよ）	新潟パプアニューギニア協会代表
荏原美知勝（えはら みちかつ）	オイスカ・ラバウル研修センター技術顧問
上岡秀雄（かみおか ひでお）	PNG JAPAN LTD 代表
山辺　登（やまべ のぼる）	㈲ピーエヌジージャパン代表取締役
福島正光（ふくしま まさみつ）	㈱ビーエムコーポレーション代表取締役
中村　弘（なかむら ひろし）	晃和木材㈱代表取締役社長
飯田信康（いいだ のぶやす）	新日本石油開発㈱代表取締役副社長
伊藤明徳（いとう あきのり）	JICA 遠隔教育アドバイザー
ウィリアム・トンガム William Tongamp	秋田大学ポストドクター研究員（工学博士）
福林良典（ふくばやし よしのり）	ＮＰＯ法人道普請人理事
田中辰夫（たなか たつお）	元パプアニューギニア駐在日本大使
山田真巳（やまだ まさみ）	日本画家

パプアニューギニア ―― 日本人が見た南太平洋の宝島

2010年3月25日　初版第1刷発行

編者 ―― 田中辰夫
発行者 ―― 平田　勝
発行 ―― 花伝社
発売 ―― 共栄書房
〒101-0065　東京都千代田区西神田2-7-6 川合ビル
電話　03-3263-3813
FAX　03-3239-8272
E-mail　kadensha@muf.biglobe.ne.jp
URL　http://kadensha.net
振替　00140-6-59661
装幀 ―― 水橋真奈美（ヒロ工房）
印刷・製本 ― 中央精版印刷株式会社

ISBN978-4-7634-0567-8 C0026